U0116057

名家論國中國文續編（下）

陳滿銘 等著

◎

傅武光 主編

序

陳滿銘

《國文天地》自創刊迄今，由於一直堅守著「發揚中華文化、普及文史知識、輔助國文教學」的宗旨，盡心耕耘，所以能在廣大讀者的支持下度過十三個年頭，共出版了一百六十期。這除了得力於歷任社長、總編輯及編輯委員的努力外，更要歸功於每期執筆者的熱心支持，這些執筆者，不是各大學中（國）文或相關科系的專家學者，就是富於教學經驗的中學教師。《國文天地》所以能持續成長，他（她）們是最大功臣。

大致說來，《國文天地》每期都可容納二十篇上下的文章，這樣一百六十期下來，總共刊載了約三千篇文章。在這三千篇左右的文章裡，有一些是以專欄形式出現的，其中屬於「集體創作」的，如〈解惑篇〉與〈大陸焦點學人〉等；屬於個人的，如葉嘉瑩教授的〈嘉瑩談詩〉、周何教授的〈經典的智慧〉、王開府教授的〈四書的智慧〉、葉國良教授的〈詩文與禮制〉、傅武光教授的〈老莊散論〉、林伯謙教授的〈佛學的智慧〉、陳新雄教授的〈蘇詩賞析〉、蔡宗陽教授的〈中學修辭講座〉、楊如雪副教授的〈文法〉和楊鴻銘老師的〈作文教室〉、王窓賢老師的〈教學集錦〉等。這些專欄的文章，都贏得不少喝采聲；為了延續這些喝采聲，《國文天地》和它的關係企業萬卷樓圖書有限公司特地量力加以結集成書，其中已出版的，有周何教授的《古禮今談》、王開府教授的《四書的智慧》和《解惑篇》上下；正排印中的，有楊如雪副教授的《文法ABC——交給你一把解開國文文法的鑰匙》和周何教授的《說禮》；預定於近期編印的，有蔡宗陽教授的《實用修辭學》；而陸續想結集成書的，也有多種；希望藉此能發揮更大的影響力。

除了結集專欄的文章外，《國文天地》和它的關係企業萬卷樓也先後將同類性質的文章結集成書。其中屬於「集體創作」的，有《名家論國中國文》和《名家論高中國文》；屬於個人的，有王熙元教授的《詩詞評析與教學》和拙作《國文教學論叢》與《國文教學論叢續編》。這些書都本著「輔助國文教學」的核心宗旨來出版，以提供國、高中教師作教學參考之用，很幸運地，都獲得相當大的回響。

這回受到這種回響的鼓勵，一口氣推出五本書。其中《名家論高中國文》，雖為了適應現行教材，增損各五篇，作了一些調整，但還算是再版書。而《名家論國中國文續編》上下，則接續《名家論國中國文》，選自《國文天地》第四十二期至第一五九期止，共選了四十三篇文章編入上冊，選了三十二篇文章編入下冊。至於《名家論高中國文續編》上下，就好像國中的《續編》一樣，緊接著《名家論高中國文》來選，由《國文天地》第四十三期選至第一五七期止，共選了四十八篇編入上冊，選了四十五篇編入下冊。這上下四冊書的上冊，都配合國、高中國文課本的第一、三、五冊來編；而下冊則配合國、高中國文課本的第二、四、六冊來編，以方便中學教師隨時分冊查閱參考。

這五本書所選文章，涵蓋領域極廣，諸凡作者生平、單詞分解（含形、音、義）、語句剖析（文法）、義旨探究、作法審辨（修辭、章法、風格）、讀法講求、作文指導及相關常識等國文教學的重要項目，幾乎每冊都備具；而且有的分論個別的課文，有的總論讀寫的要領，既有理論的闡述，也有經驗的印證，這對國、高中的國文教學而言，相信是會大有助益的。

出版前夕，一則為國、高中國文教師慶，因為這五本書等於是國文教學的總顧問，可以幫助大家釋難解惑，並提供新的方法；一則為《國文天地》賀，因為這五本書的出版，顯示了雜誌成長的痕跡與豐收的喜悅。於是略綴數語，聊表慶賀之意。

民國八十七年八月三十一日晨

主編的話

傅武光

「輔助國文教學」是《國文天地》出刊的主要宗旨之一，每期都有名家執筆，討論國文教材的內容和教學的方法，深為各級學校師生所喜愛，這些精采的文章雖然定期刊出，但其參考價值並不限於一時，所以本社於民國七十七年有《名家論高中國文》和《名家論國中國文》的集結。以方便師生們的閱讀，而不必一期一期地翻檢。推出之後，深受歡迎，至於一版再版。

如今，又過了十年，《國文天地》已出刊至一百六十期，同類的文章又累積了數十百篇，於是再為各級學校師生服務，將這些文章薈編為《名家論高中國文續編》和《名家論國中國文續編》。由於文章多，所以各分上下冊，一共四冊。上冊專收有關一、三、五冊課文的文章，下冊專收有關二、四、六冊課文的文章，這樣的安排，是考慮到使用時的方便，也就是上學期使用上冊，下學期使用下冊，不必找來找去。

此書的出版，我們事先皆曾以書面徵詢作者的同意，作者們無不一本關愛《國文天地》之初衷，欣然俯允，但由於時空的轉移，有部分作者搬了家、出了國，幾經探詢，都聯絡不上，使我們的出版工作有所遲疑，不過，最後我們相信，失聯的作者，既愛護學術、支持本刊，也一定樂見本書的問世。而且讀者們也亟思採擷他們智慧的結晶，所以我們還是沒有把失聯的作者的大作剔除在外，希望作者們如果尚未接獲我們的徵詢同意書，請向本社聯絡，本社當奉上薄酬略表寸心。

作者簡介（依姓氏筆劃排列）

仇小屏　台北市成功高中教師
王志成　新竹師範學院語文系副教授
江寶釵　北一女中教師
何維欽　江蘇徐州發電廠教育中心教師
李如鸞　大陸學者
沈秋雄　師大國文系教授
林素蘭　世界新聞傳播學院講師
林瑞景　屏東中正國中教師
邱燮友　玄奘大學宗教研究所所長
兪允堯　大陸學者
孫振志　內壢自強國中教師
張力中　安順國中教師
張高評　成大中文系教授

曹繼曾　後甲國中國文教師
陳侃章　浙江諸暨縣志編輯
陳啟佑　彰化師大國文系教授
陳滿銘　師大國文系教授
傅武光　師大國文系教授
彭元岐　新竹中學教師
曾永義　台大中文系教授
黃　克　大陸學者
黃慶祥　屏東東港國中教師
潘麗珠　師大國文系副教授
蔡　紡　五福國中教師
賴麗蓉　師大國研所碩士
鍾怡雯　元智大學中文系講師

目錄

第四冊

第六冊

通論

分論

篇

第二册

一首喜心翻倒的詩

——杜甫〈聞官軍收河南河北〉賞析

沈秋雄

杜甫這首〈聞官軍收河南河北〉的七律，是唐代宗廣德元年（西元七六三年）的春天在梓州作的。

這年的春天，史朝義敗走莫州，受到唐朝官兵的圍剿，屢次敗北，脫身前往徵發幽州兵，結果田承嗣以莫州降，而幽州守將李懷仙亦請降。朝義抵達幽州，不得入城，於是獨與胡騎數百東走，想投奔奚和契丹，為李懷仙兵追及，史朝義自縊於林中，懷仙取其首級以獻。延續了八年歷經三朝（玄宗、肅宗、代宗）使多少生民塗炭的安、史之亂終於平定了，這真是天大的好消息，飽受戰亂流離之苦的杜甫在梓州得知了這個喜訊，內心的狂喜激動可想而知，這首〈聞官軍收河南河北〉便深刻地反映了他當時的心情。

詩的首聯說「劍外忽傳收薊北，初聞涕淚滿衣裳」，所謂「劍外」，泛指劍門關以南地區，在這裡是指詩人所在的梓州；所謂「薊北」，泛指河北北部，在這裡是指莫州、幽州等亂黨所竊據之地。詩人在梓州，聽到安、史之亂平定的消息，不禁涕淚縱橫，正是「喜心翻倒極，嗚咽淚沾巾」（杜甫語，見〈喜達行在所三首〉之二），這是喜極而泣的眼淚。這兩句詩開門見山，一上來就敘清題意，寫出作者初聞喜訊的激動心情，一個「忽」字點明消息來得突然，所以令人驟聞之下，喜出望外，不能自制。下面諸聯即承首聯之意而作深一層的生發，頷聯說「卻看妻子愁何在，漫卷詩書喜欲狂」，再看看老妻和兒女，想到攜家帶眷倉皇逃難的生活從今可以永遠擺脫，所有的憂愁不覺一掃而空①；再也無心看書了，胡亂地收起詩、書等典籍，只覺欣喜欲狂。因為在盛唐以前，雕刻印刷還不十分普遍，其時的大部分典籍仍然以卷軸形式出現，所以用「卷」字。而「愁何在」與「喜欲狂」，一遮一表，構成

〈聞官軍收河南河北〉全詩節奏輕快，充滿喜悅，在杜甫作品中獨具特色。

對偶，充分地抉發了作者當時的心情。腹聯說「白日放歌須縱酒，青春作伴好還鄉」，麗日當空，必須放聲高歌和開懷痛飲；春光爛漫，正好彼此結伴一道還鄉。「放歌」和「縱酒」是內心狂喜的行動表示，而亂定可以還鄉，何況正值春天，沿途的明媚景色，悅人眼目，這是最愉快不過的事了。春天之時山青水秀，所以說「青春」，「白日」一辭則意含雙關，天日晴朗是一層意思，歷刼餘生，有幸重見天日，是另一層意思。結聯說「即從巴峽穿巫峽，便下襄陽向洛陽」，這兩句承上文「還鄉」二字，進一步預擬還鄉的路程。嘉陵江流經四川閬中曲折如巴字，亦稱巴江，故巴陵當指嘉陵江峽。巫峽是著名的長江三峽之一，在四川省巫山縣東。作者身在梓州，首程由涪江入嘉陵江，所以說「從」；長江三峽兩岸連山，形勢極為險要，所以說「穿」；出峽順江而東，便可抵達湖北、襄陽，所以說「下」；作者自注說「余田園在東京」，由襄陽改換陸路，便可直奔洛陽，所以說「向」，用字都很精確。而馳騁想像，瞬息千里，作者欣喜的心情自見於言外。

通觀全詩，前四句是實寫，後四句是虛擬，而句句都有喜躍意，一氣貫注，把作者當時的歡悅心情表現得淋漓盡致，誰說「歡愉之辭難工」②呢？

由於杜甫身歷戰爭播遷之苦，心繫蒼生社稷之危，加上他個人詩歌藝術手法上的爐火純青，因而形成杜詩「沈鬱頓挫」的獨特風格，故一般的印象，他的詩總是充滿了牢愁沈憂。但這首〈聞官軍收河南河北〉，論情感是喜悅的，論節奏是輕快的，形式與內容一體相稱，在杜甫的作品中獨具特色。前人評這首詩說：「杜詩強來言愁，其言喜者，惟『寄弟』數首及此作而已。」（黃生語，見仇兆鰲《杜甫詳注》卷十一引）又說：「八句詩，其疾如飛，題事只一句，餘俱寫情。生平第一首快詩也。」（浦起龍語，見《讀杜心解》卷四）這是不錯的。

注釋：

①有人解這句詩為「回頭看妻子，發現妻子這時也笑逐顏開，經年累月的滿面愁容已經不見。」則是以「愁何在」屬諸「妻子」，但下句「喜欲狂」，乃是作者自表，非屬諸「詩書」。以此對勘，「愁何在」當亦是說作者自己，非為形容妻子的狀語。

②韓愈說：「歡愉之辭難工，而窮苦之言易好。」見〈荊潭唱起詩序〉。

原載於《國文天地》第48期
民國78年5月，頁98～99

巴峽、巫峽、襄陽、洛陽

——談杜甫的歸鄉路

黃慶祥

詩聖杜甫〈聞官軍收河南河北〉一詩，蒲起龍氏允為「生平第一首快詩」。今人黃永武先生以為「這是一首在時間速度上極快的詩，時間速度快與雀躍之情配合得正好。」又談到：

> 結尾「即從巴峽穿巫峽，便下襄陽向洛陽。」二句之中用了四個地名，外加第一句的劍外與薊北，共用了六個地名，讀來不覺累滯，反而有助於跳躍前進的節奏。(《唐詩三百首鑑賞》)

所言極是。詩心如此，僅稍作附益於下：

一、來川之路

杜公因任地華州（時公任華州司功參軍）乾旱，哀鴻遍野，加上對政治的失望，便於肅宗乾元二年七月（公四十八歲，西元七五九年）攜眷西逃，卜居秦州同谷（有姪子杜佐在秦州，然其時吐蕃已在邊塞蠢蠢欲動，同谷生活亦屬艱辛），才在年底抵成都。

二、成都生活

成都的生活是愜意的。四十九歲時草堂建成，又有高適、王倫等之交遊，好不快活。老友嚴武於公五十一歲時任兩川都節制，生活更有了依靠。七月嚴武奉召還朝，杜甫送至奉濟驛。其時川兵馬使徐知道反叛，成都大亂，公只得暫留綿州，依刺史杜濟，不久又往依梓州刺史兼東川節度使留后章彝。之後曾回成都攜眷至梓州。隔年（代宗寶應元年、西元七六二年、公五十一歲）正月在梓州寫下〈聞官軍收河南河北〉一詩。雖然詩中談到「即從巴峽穿巫峽」，但是事實上杜公並未馬上動身。這年杜公不僅到附近的洛陽、鹽亭、漢州遊歷，九月還曾到三十公里外的閬州弔祭房琯，直到冬天得知女兒生病才急忙趕回。五十三歲初春，雖有意出三峽（甚至不赴朝廷召補京兆曹參軍），但聽說老友嚴武再任劍南東西川節度使，又攜眷回成都了。

五十四歲正月辭幕府職（檢校工部員外郎），四月嚴武去世，杜公在失去依靠後於五月攜家離開成都草堂南下，至於正式出三峽，已是在五十七歲春的事了，離〈聞官軍收河南河北〉悠悠忽忽已五載過去。

三、路線選擇

在〈聞官軍收河南河北〉詩中所敘的回家路線，顯然是和公來川時的路線不一樣的。其實來川是一條艱辛的路，標高二千多公尺的隴山，秦州到成都一路上的赤谷、鐵堂峽、寒峽、積草嶺、萬丈潭……等，杜公無一不艱辛走過。五十四歲的老人了，對於這段歷程是不堪回首的。

再者，就在這一年夏天郭子儀曾屢次向朝廷提議：「吐蕃、黨項不可忽，宜早為之備。」話剛講完，一入秋天「吐蕃入大震關，陷蘭、廓、河、鄯、洮、岷、秦、成、渭等州，盡取河西、隴右之地。」（《通鑑》卷二百二十三．《唐紀》三十九）。成州（同谷）、秦州都是北回必經之地，杜公當然是要避過的。由此也可知杜公在軍情動向的觀察上是頗為敏銳的。

四、巴峽、巫峽

「即從巴峽穿巫峽」簡單的說，就是「馬上就從巴峽穿越巫峽」。「即」是不假思索、立刻，「穿」言峽之窄，也言江流速度之快，按詩意是巴峽在上游位置，巫峽在下游位置，可是按之地圖卻是相反的。又如《水經江水注》云：

江水又東，逕廣溪峽（瞿塘峽），斯乃三峽之首也。

江水又東，逕巫峽，歷峽東，逕新崩灘，其間首尾有六十里，謂之巫峽，蓋因山為名也。

江水又東，逕西陵峽，所謂三峽，此其一也。

由此可知，三峽由西而東是瞿塘峽（四川奉節縣東）、巫峽（四川巫山縣東）、西陵峽（巴峽）（湖北宜縣西），公所言和地理位置顯然是顛倒的。其時杜公還未經三峽，未實際了解三峽之方位次序，失誤是有可能的。儘管有人以杜詩為「圖經」，但如「清渭東流劍閣深」〈哀江頭〉，渭水卻是濁的。杜公於手足舞蹈之餘，急拿二峽之名（當然瞿塘峽三字在此句中不方便使用）和下句二陽相對，以為快速之筆，實非難解之事。此處之顛倒錯雜更可顯出其欣喜之狂。本來此詩即是如出表現其律動的。黃永武先生云：

> 這裡（中間）所寫的四句，是故意東一件、西一樣、一會兒看妻子、一會兒包詩書、一會兒說回鄉，快速跳動的鏡頭一幕幕地倏忽轉換，將一個老成人變得草率輕狂的樣子……（《唐詩三百首鑑賞》）

不僅是在動作上如此，在意念上的想像是更快了，快得不知其所以，管他什麼峽，什麼陽，我就是要回老家去。所以不管巴峽、巫峽的顛倒是否為有意（作特殊表現）、無意（失誤），其欣喜之情更能躍然紙上。你看，一個白髮老翁（第五句之「白首」較佳。）都拋掉了矜持，不顧形象地唱起來、喝起來了；想到回家，千山萬水都擋不住想像的飛越，還管他什麼三七二十一，什麼巴峽、巫峽的呢？杜公的「跳針」「走調」，將其潛意識表露無遺。

其次，以平仄而言，巫、巴皆為平聲，位置調換並不影響叶律與否。以聲韻而言：巴，伯加切（據《廣韻》，下同）為「輕聲」、「發聲」。巫，武夫切，為「濁聲」、「收聲」。林尹先生云：

發聲時用力輕而氣上升者謂之「清」；用力重而氣下沈者謂之「濁」。……引陳澧：「發聲者，不用力而出者也……收聲者，其氣收斂者也。」（《中國聲韻學通論》）

欣喜之餘，當下身心當是「用力輕而氣上升」「不用力而出的」，身子手足舞蹈起來，心靈也飄然欲飛起來。試把巴峽、巫峽位置調換：「即從巫峽穿巴峽」，以今國音唸之，即覺格格不入矣！這大概也是杜公寫下此句時「順口成章」、「順心成章」的理由之一。另外，雖然襄陽、洛陽無位置倒錯之現象，然襄：息良切，為「清聲」、「收聲」；洛：盧各切，為「濁聲」、「收聲」，其實也有異曲同工之妙。

五、「下」之使用

緊接著出三峽，「便下襄陽向洛陽」，目的地洛陽似乎就出現在眼前了。可是用「下」字是否可直到襄陽、洛陽呢？

「王濬樓船下益州」（劉禹錫〈西塞山懷古〉），「煙花三月下揚州」（李白〈送孟浩然之廣陵〉），王濬由成都到益州，孟浩然由黃鶴樓到廣陵，都是由上游到下游，順流而下的。所以「下」不僅是「到」的意思，而且更重要的是表示「順流而下」。杜公出三峽到襄陽，顯然要順流而下武陵三鎮，然後再沿漢水逆流而上襄陽的。水路路途雖遙遠，但從陸路須經過巴山、武當山，當時年邁的杜公不可能作這樣的選擇。試以里程約略說明如下：三峽至襄陽直線距離約一百多公里，而實際路程必超過三、四百公里，而且多是翻山越嶺的。從三峽順流而下武漢，再逆流而上襄陽，水路在一千公里以上，距離雖然遙遠，但難度上是比較低的。

《讀杜心解》浦起龍氏注云：「出峽東北向，便由襄陽向洛陽。」所指顯然是陸路，和蒲氏自云：「第一首快詩」顯然不合。基本上在這條山路上是「快」不起來的。如果真是走陸路，根據「南下」、「北上」的習慣，那無疑是要用「上」字的（襄陽在巴峽正北偏東），所以從三峽到襄陽雖然武漢之前可用「下」字，但武漢之後就須用「上襄陽」比較正確。

比較「上」、「下」二字給我們的感覺：逆流而上無疑是費力、費時、困難、緩慢的；順流而下則是省力、省時、容易、迅速的。這一首快詩如果用了一個不快的字「上」，意象上其速度馬上為之凝滯，效果也差了很多。杜公當然知道須逆流而上的，但他寧可保有順流而下、輕舟萬里的愉快心情，所以詩中選用了「下」字。「就讓三峽奔放的急流載著我的狂歡傾瀉而下吧！回家的路是何等順暢啊！」杜公陶醉著。

又杜公於詩末自注云：「余田園在東京。」洛陽是杜公的第二故鄉（公四歲時曾寄居於洛陽二姑母家），飄泊多年的他是怕飄泊了；寄人籬下多年的他也怕寄人籬下了，所以不如歸去之感油然而生，而且特別在意他的「田園在東京。」但此時的東京又是如何呢？《資治通鑑》寶應元年十月（「聞」詩寫作的前三、四月）載：

回紇入東京，肆行殺略，死者萬計，火累旬不滅。朔方、神策軍亦以東京、鄭、汴、汝州皆為賊境，所過擄掠三月乃已。比屋蕩居，士民皆衣紙。……

如此滿目瘡痍的故國，是不是值得杜公回去呢？由此可見杜公的不切實際、一廂情願，但正由其不切實際、一廂情願才可顯現出杜公之情意真摯所在。

六、尾聲

前文已言及杜公出三峽已是此詩完成後五年之事（五十七歲），之後的兩年，公又是岳州、又是潭州、又是從弟、又是舅氏的流落各處。五十八歲入湘水後，一直在孤舟上漂泊，五十九歲（代宗大曆五年，西元七七〇年）夏曾有回長安打算，然未出岳陽則已去世，其子宗武將公停殯岳陽。四十年後其孫杜嗣業始將遺體移葬河南偃師縣首陽山下。從公發願回故里至落葉歸根，四十七年的歲月已然過去。

上元元年（西元七六〇年）杜公在抵成都後的第一個夏天，有感於李光弼的勝利，寫下一首〈恨別〉：

> 洛城一別四千里，胡騎長驅五六年。草木變衰行劍外，兵戈阻絕老江邊。思家步月清宵立，憶弟看雲白日眠。聞道河陽近乘勝，司徒急為破幽燕。

這時的杜公驚魂甫定，而且草堂剛落成，他無力離開四川，也捨不得離開四川，而且這時的中原烽火千里，他要回那裏去呢？所以只希望「司徒（李光弼）急為破幽燕」，回家是還談不上的。

寶應元年（西元七六二年）冬，官軍收復洛陽；廣德元年（西元七六三年）春，史朝義「窮蹙，縊於林中」，歷時九年的安史之亂終告結束，這是杜公喜極而泣的背景，也是公敢急於返鄉的理由。何況目前的他是避亂（徐知道之亂）之身，四川終非久留之地呀！故鄉雖然破碎，但家園畢竟是家園，否則根歸何處呢？歸鄉不僅是杜公的想法，而且也是每個人的願望，可見得杜公此詩既主觀又客觀，它是時代的聲音，也是大地的歡呼。

但畢竟遺憾的是不僅在此詩完成後，心願無法馬上達成，在公餘生的六、七年中也始終未踏上歸途。當時洋溢奔放的熱情也隨著長江、湘水的流水慢慢的沖淡、流走，以致於消失在洞庭湖無垠的煙波裡。

「詩言志」，志和事是不同的，志之不同於事，僅在於其發之於心、動之以情的悱憤不已，雖然不必成為事實，但其可貴之處正在其不成為事實的感興，它代表著無限的可能，無窮的希望，啟示著後人奮進的精神及勇氣。知及此，則可以不必以杜公之欲回未回為憾事了，因為其辭、其情是永遠的。

原載於《國文天地》第120期
民國84年5月，頁15～19

拳拳慈父心 縷縷父子情

——南京浦口車站與朱自清的〈背影〉

俞允堯

〈背影〉是朱自清先生一九二五年創作的散文名篇，長期以來深深感染和影響著一代代讀者，成為我國散文創作的典範。〈背影〉是用一種純正樸實的筆調，記敘了作者在北京大學讀書時的一九一八年冬天，因祖母去世，與父親一起回家料理喪事之後，重回北京時父親為他送行的情景。這個反映縷縷父子情、感人至深的故事，即是發生在南京浦口車站的真實記載。

六朝故都的南京，不僅地靈人傑、代有人豪，更是我國歷史上人文薈萃之地、東南各省的文化中心，朱自清自年少起就與它結下了不解之緣。朱自清於一八九八年出生在江蘇東海縣，自幼隨祖父、父親定居揚州，十三四歲時他第一次隨家人來南京尋古覽勝。

朱自清的散文〈背影〉故事的所在地——南京浦口站月台

以後他在北京大學讀書時，每年寒暑假都要經南京江北浦口北上南下，或過江在南京小住遊覽。他泊秦淮，追尋六朝金粉之蹤跡，遊覽發思古之幽情的雞鳴寺、胭脂井，登蒼然蜿蜒的台城，月白風清之夜在玄武湖帶著微醉乘遊船，在清涼山龔賢的掃葉樓吃素麵，在莫愁湖對著莫愁女塑像嘆為觀止，並在文中寫道：「臉子開得透逸之至，衣褶也柔活之至」，真是「僊乎僊乎」……金陵無處不留下詩人的遊蹤，在他筆下的這座古城有一股春天或夏天的氣息。他對南京懷有深厚的感情，也與其父送他北上時令他終生難忘的二次「背影」有關。

帶著〈背影〉中真摯而感人的人間真情，筆者在旅途倥傯間沿著當年朱自清的蹤跡，進行了一番考索探訪。

一九一八年的南京，是北洋軍閥統治下的舊東南重鎮，城市的格局和清代幾無差別，橫貫城市南北的交通要道，還是建於一八九四年的南京第一條馬路，即從下關碼頭到鼓樓至總督衙署（後為總統府）抵通濟門；另外一條是由金川門入城，至總督府到城東南中正街（今名白下路）的市內小火車鐵路，中山先生當年就是從下關車站乘小火車前往臨時總統府宣誓就職的。當年到下關碼頭除了坐小火車外，不是乘馬車就是坐人力的黃包車。當時朱自清與父處理完喪事一同來到南京，因「家中光景很慘淡」，父親「要到南京謀事」，朱自清則回北京讀書。當父親決定將「謀事」放下，親自送兒子到浦口車站上車時，父子帶著行李在旅館茶房的陪伴下，乘著馬車到達下關江邊碼頭。

當筆者來到江邊碼頭時，由於人世滄桑，景況與昔日早已面目全非：下關沿江築有高達數米的防洪水泥磚石堤，朱自清當年的渡江處一九三五年就建成了南京輪船港口，近幾年已擴建成長江下游著名的大型南京港。如今江面輪船往來，長江大橋凌空橫跨，碼頭人群熙攘，船塢座座，蘆葉叢叢，一派壯偉的長江風光。一九二九年為迎接孫中山靈柩奉安中山陵，特闢了中山碼頭，大馬路和中山橋。中山碼頭一九三五年起定為輪渡碼頭，成為大江南北人群往返的咽喉要口。朱自清的輪渡處即今日南京港與中山碼頭毗鄰呼應。當年朱自清父子乘坐的是「浦華」號大渡輪渡江的，後來又增加了一艘「飛鴻」號。

從中山碼頭乘上渡輪，十分鐘即到達浦口，出碼頭就是浦口底站的旅客長廊和嘉木花園，沿長廊向右進入面南的底站大廳，檢票後步入站台。探訪了車站有關老人，得知京浦線終點底站大樓是後來重建，站台基本為原貌，四道站台如今祇用第二、三道為旅客站台，一道站台處已成住宅人家，昔日的小販與售貨推車全無，下午一律無班車，倒也清靜。因近年來大陸交通負荷超載，過長江大橋火車由五、六分鐘一趟猛增至二、三分鐘一班，為安全起見，才決定將部分旅客移向浦口站。浦口站與京浦鐵路興工於一九〇七

一九一八年，朱自清在南京被朋友約去遊覽莫愁湖，這是他文中所寫的莫愁女塑像

年，一九一一年通車，為大陸南北的重要交通命脈，朱自清與之結下了深深的感情，它伴隨詩人度過了青少年時期。

步入浦口車站，望著流動的人群和行李，眼前彷彿出現〈背影〉中父親慈祥、敦厚、樸實的身影，他為兒子「忙著照看行李」，又忙著和腳夫講價錢，上車為兒子找好了坐位……隨著歲月的流逝，鐵道路基反比過去高了，月台也就相應矮了，但若要上下，也確非易事。〈背影〉中父親為兒子去買橘子，「蹣跚地走到鐵道邊……穿過鐵道，要爬上那邊月台……他肥胖的身子向左微傾……」令人幾乎看到父親右臂在月台邊顫抖，聽到他粗喘的氣息，感受到他海洋般的愛子深情。七、八十年前的鐵道、月台，以及父親吃力的動作，迸射出穿透人心的慈父形象和熾烈光芒。在謀生無著、又吃力買桔的情況下，父親「心裡很輕鬆似的」，全然是為了寬慰心中眷眷的兒子；簡短的告別話，凝聚著父對子的拳拳依戀和惜別的惆悵，「背影」在作者的視線中幾步一回頭，「混入來來往往的人裡，再找不著了。」難以言狀的感情從作者心底湧起，他不由又落淚了。

歲月煙塵，滄海桑田，人事代謝如雪泥鴻爪，而人世間的親情至愛、慈孝之心，則是永存的，它是維繫人類生存繁衍、家庭祥和、社會發展的法規與動力，是人間倫理道德和高尚精神的體現。〈背影〉的社會意義也正是在這裡。然而在朱自清眷念過的南京，近年來就發生過多起逆子殺父母、惡父虐殺子的逆倫兇案，至於虐待老人、老人自殺或被變相謀殺之事層出不窮，全國更是不計其數，良知泯滅、道德淪喪，已成為當今大陸社會的嚴重問題。回到文學現場，重溫七十七年前發生在浦口車站〈背影〉的故事，具有重要的現實意義。

原載於《國文天地》第126期
民國84年11月，頁66～69

教科書內容設計觀摩（上）

——以朱自清〈背影〉一文為例

王志成

課本內容的編排與教學品質好壞有密切關係，亦與學習興趣息息相關。課本內容編排妥當，由淺入深，循序漸進，則教師在課堂上滔滔不絕，能發揮所學傳授給學生，而學生亦能虛心接受教誨，引發學習興趣，國文程度之提高，當可計日而待。反之，課本內容編排不當，深淺雜亂，則教師未能一顯身手，教學效果大打折扣，而學生學習意願不高，興趣自然低落，得過且過，甭提國文程度之提高了。所以，課本內容編排是否恰當，影響「教」與「學」深遠。

依據國民（高級）中學國文教學目標，國文教學就是要指導學生充實基本語（詞）彙，認識語法常識，學習修辭技巧，如何分析課文和懂得寫作技巧，而達到閱讀簡易文言文和語體文之能力。到底目前國民（高級）中學國文課本是否根據這些教學目標來編排設計，值得一究。

朱自清的散文〈背影〉，是篇膾炙人口的文章，國內、大陸、香港、新加坡不約而同選入國（初）中國（語）文課本，作為教育子弟的範文。那麼，同樣的課文，在各地的課本內容編排上有什麼不同風貌？那一個地方的編排設計最周全、最實用、水準最高？我特別蒐集資料，整理呈現，請大家一起來比較。

國內方面

朱自清的〈背影〉一文，國內係編入《國民中學國文》第二冊，這裏比較三種版本：

一、《國民中學國文》第二冊（國立編譯館主編，吳宏一、戴璉璋編輯，民國六十九年一月改編本初版，頁三十九——四十二）。

二、《國民中學國文》第二冊（國立編譯館主編，陳品卿、董金裕編輯，民國七十四年一月試用本初版，頁三十九——四十三）。

三、《國民中學國文》第二冊（國立編譯館主編，陳品卿、董金裕編輯，民國七十六年一月正試本初版，民國八十年一月改編本再版，頁二十八——三十一）。

以上三種版本的內容設計，均列有「課文」、「題解」、「作者」、「注釋」、「問題與討論」五大部分，其中「問題與討論」屬於課後複習，但顯然不夠深入，也不夠全面，可說未能針對教學目標而妥善編排設計。就吳宏一、戴璉璋教授編輯《國民中學國文》第二冊和陳品卿、董金裕教授編輯《國民中學國文》第二冊相比，內容大致一樣，變動甚少，十年來進步似乎緩慢。再看李曰剛、潘光晟、唐傳基教授編輯《國民中學國文》第一冊（民國五十七年八月初版），編排有「作者」、「題解」、「課文」、「注釋」、「語譯」（限文言課文，難者語譯，易者則無）、「分析」、「提示」、「習題」等項目，和陳品卿教授等所編輯相比，還略勝一籌，也顯示出二十多年來進步不多。（編者按：因國內國文課本取得較易，故不以書影呈現，以節省篇幅）

香港方面

香港的語文課本係採審訂政策，開放民間編寫，由於生意競爭，各出版社莫不聘請專家、學者主持其事，內容設計十分精詳周備，以下選用三種版本，請大家共同來觀摩。

一、《最新中國語文》第一冊（大華出版有限公司編輯委員會編著，大華出版有限公司出版，一九七八年二月修訂版，頁一七二——一八〇）：

背影

朱自清

我與父親不相見已二年餘了，我最不能忘記的是他的背影。

那年冬天，祖母死了，父親的差使也交卸了，正是禍不單行的日子。我從北京到徐州①，打算跟著父親奔喪回家。到徐州見著父親，看見滿院狼籍②的東西，又想起祖母，不禁簌簌地流下眼淚。父親說：「事已如此，不必難過，好在天無絕人之路！」

父親回家變賣典質③，還了虧空④；又借錢辦了喪事。這些日子，家中光景很是慘澹，一半為了喪事，一半為了父親賦閒。喪事完畢，父親要到南京⑤謀事，我也要回北京念書，我們便同行。

到南京時，有朋友約去遊逛，勾留⑥了一日；第二日上午便須渡江到浦口⑦，下午上車北去。父親因為事忙，本已說定不送我，叫旅館裏一個熟識的茶房陪我同去。他再三囑咐茶房，甚是仔細，其實我那年已二十歲，北京已來往過兩三次，是沒有甚麼要緊的了。但他還不放心，怕茶房不妥帖，頗躊躇了一會，終於決定還是自己送我去。我兩三回勸他不必去；他祇說：「不要緊，他們去不好！」

我們過了江，進了車站。我買票，他忙著照顧行李。行李太多了，得向脚夫⑧行些小費，才可過去。他便又忙着和他們講價錢。我那時真是聰明過分，總覺他說話不大漂亮，非自己插嘴不可。但他終於講定了價錢，就送我上車。他給我揀定了靠車門的一張椅子；我將他給我做的紫毛大衣鋪好坐位。他囑咐我路上小心，夜裏要警醒些，不要受涼。又囑託茶房好好照應我。我心裏暗笑他的迂；他們祇認得錢，託他們真是白託！而且我這樣大年紀的人，難道還不能料理自己麼？唉，我現在想想，那時真是太聰明了！

我說道：「爸爸，你走吧。」他望車外看了看，說：「我買幾個橘子去。你就在此地，不要走動。」我看那邊月臺的柵欄外有幾個賣東西的等著顧客。走到那邊月臺，須穿過鐵道，須跳下去又爬上去。父親是一個胖子，走過去自然要費事些。我本來要去的，他不肯，祇好讓他去。我看見他戴著黑布小帽，穿著黑布大馬褂，深青色布棉袍，蹣跚地走到鐵道邊，慢慢探身下去，尚不大難。可是他穿過鐵道，要爬上那邊月臺，就不容易了。他用兩手攀著上面，兩腳再向上縮；他肥胖的身子向左微傾，顯出努力的樣子。這時我看見他的背影，我的淚很快地流下來了。我趕緊拭乾了淚，怕他看見，也怕別人看見。我再向外看時，他已抱著朱紅的橘子走回來了。過鐵道時，他先將橘子散放在地上，自己慢慢爬下，再抱起橘子走。到這邊時，我趕緊去攙他。他和我走到車上，將橘子一股腦兒放在我的皮大衣上。於是撲撲衣上的泥土，心裏很輕鬆似的。過一會說：「我走了；到那邊來信。」我望著他走出去。他走了幾步，回過頭看我，說：「進去吧，裏邊沒人。」等他的背影混入來來往往的人裏，再找不著了，我便進來坐下，我的眼淚又來了。

近幾年來，父親和我都是東奔西走，家中光景是一日不如一日。他少年出外謀生，獨力支持，做了許多大事，那知老境卻如此頹唐！他觸目傷懷，自然情不能自已，情鬱於中，自然要發之於外；家庭瑣屑便往往觸他之怒，他待我漸漸不同往日。但最近兩年的不見，他終於忘卻我的不好，祇是惦記著我，惦記著我的兒子。我北來後，他寫了一封信給我，信中說道：「我身體平安，惟膀子疼痛利害，舉箸提筆，諸多不便，大約大去⑨之期不遠矣。」我讀到此處，在晶瑩的淚光中，又看見那肥胖的、青布棉袍、黑布馬褂的背影。唉！我不知何時再能與他相見。

【作　者】

朱自清（公元一八九八——一九四八），字佩弦，浙江紹興人，北京大學畢業，歷任清華大學、西南聯合大學教授。初期致力於新詩創作，後從事散文寫作，並對國文教學有很大的貢獻。作品有背影、蹤跡、歐遊雜記、經典常談、詩言志辨、國文教學、略讀指導舉隅、精讀指導舉隅等。

【題　解】

本篇選自背影散文集。

從貓情雀、詠鳥詩、母愛、我的母教、少年筆耕到背影，都足以看出來父母對於子女和子女對於父母的愛心和關切，這都基於父母子女間的天性，是人倫的起點，沒有人能夠抹煞的。——雖朱自清這篇背影的價值就在深刻地顯露做父母的愛心和做子女對這種愛心體諒的回應。——雖然他曾經犯過自是的錯誤，但那發乎至性的不能自已的情感，掩沒了這種瑕疵。所以，引發年親人這種固有的、潛存的至性，去深入體貼父母的愛心，就會使他理解到盡孝道的必要。

本篇記作者父親送行時，作者對父親最深刻的印象，是父親買橘子爬上月臺那一剎那的背影，所以就用「背影」作為本篇的文題。

〔注　釋〕

①徐州——在今江蘇省銅山縣。
②狼藉——零亂不整的樣子。
③典質——用物抵押，向人借錢的意思。「質」，音致。
④虧空——這裏指平日用度超出收入而欠下的款項。
⑤南京——即南京市，在江蘇省內。
⑥勾留——耽擱、停留的意思。
⑦浦口——在長江北岸，和南京隔江相望，是津浦鐵路的終站。
⑧腳夫——搬運行李的工人。
⑨大去——一去不回，即是死的意思。

〔預　習〕

(1)試從詞典中翻查出下列詞語的音義：

甲、簌簌地

乙、慘澹

丙、賦閒

丁、躊躇

戊、蹣跚

(2)細閱課文後，試回答下列各題：

甲、本篇的體裁屬於散文，它與小說有什麼分別的地方？

乙、本篇的文題為什麼稱做「背影」而不叫做「父愛」？試從本篇的資料舉例加以說明。

丙、本篇的中心思想與下面那一點完全符合？試解釋你的理由。

①、流露出父親對兒子無微不至的愛心。

②、深刻地顯出父親對兒子的愛心以及兒子對父親這種愛心體諒的回應。

③、父母對子女有莫大的愛心，而子女卻體會不出來。

丁、試用語體解釋下列各語句：

①、禍不單行

②、觸目傷懷

③、情不能自已

④、情鬱於中，自然要發之於外。

〔討　論〕

一、詞句討論

(1)試解釋下列句子中有「」的詞語：

甲、父親的差使也「交卸」了。

乙、家中「光景」很是「慘澹」。

丙、一半為了父親的「賦閒」。

(2)作者有兩次說到自己那時真是「太聰明」了，這暗示什麼意思？

(3)「我將他給我做的紫毛大衣鋪好坐位」，這一句能不能簡單地寫成「我將大衣鋪好坐位」？為什麼？

(4)文中「但他終於講定了價錢」一句，作者為什麼要用「但」和「終於」兩個詞？

(5)試分別下列句子中有「」的兩個詞語的意義：

甲、他「囑咐」我路上小心。

乙、又「囑托」茶房好好照應我。

二、內容討論

(1)當作者勸父親不要去送行，父親說：「不要緊，他們去不好！」父親說這句話有什麼深意？

(2)作者的父親在本文中共說過幾次話，你能不能指出來他說這些話時的用意和心情？

(3)作者對於父親仔細的照料，為什麼反而不滿意，心裏暗笑他的迂腐？

(4)作者在什麼時候才感受到父親對他無微不至的愛心？當父親替他買了橘子回來時，作者「趕緊去攙他」，這句話暗示些什麼？

(5)作者的父親費力地去買來橘子以後，心裏為什麼會很輕鬆似的？

(6)試仔細閱讀三、四、五三段，看看有沒有那一句是不必要的？如果有請說出理由來。

三、語法、修辭討論

(1)本篇的第一段和第六段都是寫「現在」的事，而中間的四段卻是回憶往事，這樣文章的結構有什麼好處？

(2)背影是我國現代散文中最著名的作品，它除了內容真摯動人外，在作法上有什麼優點？

(3)試分別闡明下列各組嘆詞的用法有什麼不同？

甲、不要緊，他們去不好！

乙、我現在想想，那時真是太聰明了！

丙、唉！我不知何時再能與他相見。

【練 習】

一、問答練習

(1)本篇那些地方是描繪父親對作者那份無微不至的愛心？試列舉兩三個例子來。

(2)本篇那些地方是描寫作者對父親的愛心的回應？

(3)本篇那些地方寫得最動人？試說出你的理由。

二、造句與改寫

(1)試將下列詞語各造一完整的句子：

甲、禍不單行

乙、慘澹

丙、賦閑

丁、躊躇

戊、頹唐

(2)試將下列作者父親所說的話改寫為直敍式的文句：

甲、父親道：「事已如此，不必難過，好在天無絕人之路！」

乙、我北來後，他寫了一封信給我，信中說道：「我身體平安，惟膀子疼痛利害，舉箸提筆，諸多不便，大約大去之期不遠矣。」

二、《中國語文》第二冊（香港人人書局編輯委員會編，梁宜生主編，香港人人書局出版，一九七八年版，頁六十九——七十六）：

背影

朱自清

【內容提示】

本篇以「背影」為題，內容是寫父親的背影。父母和兒女常生活在一起，父親的背影，朝夕可以見到，有什麼可寫呢？然而本篇的背影，卻不是尋常的背影，它表現了偉大的父愛，教人想起了要流眼淚。作者究竟怎樣刻劃父親這一個背影的呢？

【作　者】

朱自清（一八九八——一九四八年），字佩弦，原籍浙江紹興，在江蘇揚州長大。北京大學畢業後，曾執教江蘇、浙江各中學。一九二五年起任清華大學教授。新文學運動初期，致力新詩創作，後來興趣轉向散文。一九二八年出版第一本散文集背影。本文就是其中的一篇，是一九二五年作者在清華大學任教時因思念父親而寫的。這篇散文在當時很有名，被認為是朱自清的代表作，而作者本人也很欣賞這篇文章，所以把它作為第一本散文集的名字。

【課　文】

我與父親不相見已二年餘了，我最不能忘記的是他的背影。

那年冬天，祖母死了，父親的差使也交卸①了，正是禍不單行的日子。我從北京到徐州②，打算跟着父親奔喪③回家。到徐州見着父親，看見滿院狼藉④的東西，又想起祖母，不禁簌簌⑤地流下眼淚。父親說：「事已如此，不必難過，好在天無絕人之路！」

父親回家變賣典質⑥，還了虧空⑦，又借錢辦了喪事。這些日子，家中光景很是慘澹⑧，一半為了喪事，一半為了父親的賦閒。喪事完畢，父親要到南京謀事，我也要回北京念書，我們便同行。

到南京時，有朋友約去遊逛，勾留了一日；第二日上午便須渡江到浦口⑨，下午上車北去。父親因為事忙，本已說定不送我，叫旅館裏一個熟識的茶房陪我同去。他再三囑咐茶房⑩，甚是仔細。其實我那年已二十歲，北京已來往過兩三次，是沒有甚麼要緊的了。但他還不放心，怕茶房不妥帖，頗躊躇⑪了一會，終於決定還是自己送我去。我兩三回勸他不必去；他只說：「不要緊，他們去不好！」

我們過了江，進了車站。我買票，他忙着照顧行李。行李太多了，得向腳夫⑫行些小費，才可過去。他便又忙着和他們講價錢。我那時真是聰明過分，總覺他說話不大漂亮，非自己插嘴不可。他講定了價錢，就送我上車。他給我揀定了靠車門的一張椅子；我將他給我做的紫毛大衣鋪好坐位。他囑我路上小心，夜裏要警醒些，不要受涼。又囑託茶房好好照應我。我心裏暗笑他的迂；他們只認得錢，託他們真是白託！而且我這樣大年紀的人，難道還不能料理自己麼？唉！我現在想想，那時真是太聰明了！

我說道：「爸爸，你走吧。」他望車外看一看，說：「我買幾個橘子去。你就在此地，不要走動。」我看那邊月臺的柵欄外有幾個賣東西的等着顧客。走到那邊月臺，須穿過鐵道，須跳下去又爬上去。父親是一個胖子，走過去自然要費事些。我本來要去的，他不肯，只好讓他去。我看見他戴着黑布小帽，穿着黑布大馬褂，深青布棉袍，蹣跚⑬地走到鐵道邊，慢慢探身下去，尚不大難。可是他穿過鐵道，要爬上那邊月臺，就不容易了。他用兩手攀着上面，兩腳再向上縮；他肥胖的身子向左微傾，顯出努力的樣子。這時我看見他的背影，我的淚很快地流下來了。我趕緊拭乾了淚，怕他看見，也怕別人看見。我再向外看時，他已抱了朱紅的橘子走回來了。過鐵道時，他先將橘子散放在地上，自己慢慢爬下，再抱起橘子走。到這邊時，我趕緊去攙⑭他。他和我走到車上，將橘子一股腦兒⑮放在我的皮大衣上。於是撲撲衣上的泥土，心裏很輕鬆似的。過一會說：「我走了；到那邊來信。」我望着他走出去。他走了幾步，回過頭看見我，說：「進去吧，裏邊沒人。」等他的背影混入來來往往的人裏，再找不着了，我便進來坐下，我的眼淚又來了。

近幾年來，父親和我都是東奔西走，家中光景是一日不如一日。他少年出外謀生，獨力支持，做了許多大事。那知老境卻如此頹唐⑯！他觸目傷懷，自然情不能自已⑰。情鬱於中⑱，自然要發之於外；

家庭瑣屑便往往觸他之怒。他待我漸漸不同往日。但最近兩年的不見，他終於忘卻我的不好，只是惦記着我，惦記着我的兒子。我北來後，他寫了一信給我，信中說道：「我身體平安，惟膀子疼痛厲害，舉箸⑲提筆，諸多不便。大約大去⑳之期不遠矣。」我讀到此處，在晶瑩的淚光中，又看見那肥胖的、青布棉袍、黑布馬褂的背影。唉！我不知何時再能與他相見。

【注　釋】

①交卸　交代，解除。做公務員離職時須將職務移交給接任的人，然後方可卸職。

②徐州　在江蘇省北部的一個城市。

③奔喪　身在異鄉的人，聽聞父母或祖父母的死訊，即趕回家鄉料理喪事，叫奔喪、

④狼藉　形容凌亂不堪的樣子。

⑤簌簌　音速速，茂密貌。這裏用來形容淚珠不斷的下滴。

⑥典質　指必須用物品作抵押的借貸。質，音致。

⑦虧空　私自透支公款，叫虧空。這兒指欠下別人的債務。

⑧光景…慘澹　悲苦黯淡的境況。光景，境況。慘澹，亦作慘淡，黯淡、艱苦。

⑨浦口　地名。在南京對岸。

⑩茶房　旅館裏替旅客服務的僕役。

⑪躊躇　音籌除，猶疑不決的樣子。

⑫腳夫　搬運工人。

⑬蹣跚　音門山。走路吃力不輕快的樣子。

⑭攙　音參，扶持。

⑮一股腦兒　北方土話。全部、一起或統統的意思。

⑯頹唐　原指精神不振。這裏是用來形容老年時的際遇不好，致使情緒低落。

⑰情不能自已　自己沒有法子控制情感的激動。已，讀矣，止、約束的意思。

⑱情鬱於中　不愉快的情緒，積鬱在心裏。鬱，音屈，抑鬱不舒暢。中，指人的內心。

⑲舉箸　拿起筷子。

⑳大去　一去不回，即死的意思。

【學習重點】

認識怎樣從平常的生活中去發掘寫作題材，以及把握重點的表現手法。

【預　習】

一、閱讀課文後，試解答下列各問題：

1　本篇為什麼以「背影」為題？

2　本篇內容，敘述了幾椿具體事實？

3　作者寫作本文，目的何在？

4．文中哪些句語是作者描繪他父親的身型、姿態、動作和服飾的？試分別摘出。

二、試查字典，指出下列各字詞的意義：

1　賦閒　2　逛　3　蹣　4　迂　5　月臺　6　攀

【討　論】

甲、內容理解

1　說不能忘記父親的背影，實際上是不能忘記父親的什麼？為什麼用「背影」來代替？

2 所謂「禍不單行」，指的是什麼？那時父親的心境應該怎樣？他何以反要安慰作者？

3 父親為了什麼要到南京去「謀事」？父親的謀事，跟一家生活以及作者的讀書問題有關嗎？

4 父親本來說不送卑，為什麼終於還要送卑？

5 父親對於任何小節都要自己出面出手，是不相信作者的能力嗎？作者為什麼說他自己那時「聰明過分」，「真是太聰明了」？

6 作者看見爸爸買橘子時的背影，為什麼要流淚？他心裏想些什麼？

7 作者看見混入人叢裏的父親的背影，為什麼要流淚？他心裏想些什麼？

8 父親晚年的性情怎樣？怎樣對待作者？作者會生怨恨之心嗎？

9 作者看了父親的信，為什麼會流淚？這時他為什麼會想起父親的背影？

10 作者寫作本文，跟父親那封來信有關嗎？本篇寫作的目的何在？

乙、作法探究

1 本篇寫父親的背影一共幾次？那一次刻劃得最真切？為什麼要這樣多次和這樣真切的刻劃？

2 本篇敘述作者在南京兩天的勾留，為什麼第一天的情節只簡單幾字略過，而第二日的情節卻極力描寫？如果將「遊逛」的經過也描寫一兩段，又如何？

3 寫父親買橘子一段，為什麼要將地形、位置、父親的身型、姿態、動作甚至服裝等等描繪得這樣詳細？

4 作者流淚時，心裡自然有些說話，為什麼他不明顯的寫出來？

5 作者為什麼在本文的首段和末段，都提及父親的背影？

6 試將本篇和冰心的母愛比較，說明有什麼相同和不相同的地方：你覺得哪一篇的表達效果較佳？

【應用練習】

甲、擴句：試在下列各句子上，加些敘述句語，使成為意思完整的描寫。（任作二則）

一、……我看見他的樣子，不禁噗的笑了起來。

二、……他驚得面無人色。

三、……我為之悠然神往。

四、……這番話，真是金石良言。

乙、仿作：試模仿下列的句子，另作一段新句。

一、在晶瑩的淚光中，我又看見那肥胖的、青布棉袍、黑布馬褂的背影。（以「月兒」代替「背影」。）

二、父親是一個胖子，我看見他蹣跚地走到鐵道邊，慢慢探身下去，尚不大難。可是他穿過鐵道，要爬上那邊月臺，就不容易了。他用兩手攀着上面，兩腳再向上縮；他肥胖的身子向左微傾，顯出努力的樣子。（以「瘦子」代替「胖子」）

丙、專題討論：有人說，父母養育兒女，是對社會應有的義務；有人說，父母愛護兒女，是出於人類的天性；你覺得哪一種說法較對？試略述你的見解。

丁、命題寫作：試以「我的祖父」為題，寫一篇小品文，內容側重於下列各點：

一、祖父的年齡、外貌、服裝；

二、他的個性、特徵；（從他的生活習慣、表情、動作、言語方面着筆。）

三、我對他的印象。

戊、閱讀理解：細心閱讀這篇文字後，試閱答文後所列各問題。

我愛我的父親。但，我曾對別人說：「親情是一種負担。因為，執着代溝難纏的，正是我自己。」

早起，陰霾密佈。父親的脊椎骨又痛得彎起來了，脾氣也嘗起來了，頭也不點一下就上班去了。母親揮動着他的雨傘，跟着他的背影使勁的叫，他只是轉身瞪了母親一眼，便走了！母親挾着雨傘急急的趕回來，要我馬上給父親送雨傘去；我將頭搖得像上了發條的洋娃娃，但，我還是挾着雨傘朝父親的車子走去。

父親是一間洋行的司機，每天將車子駛到固定的地點，又在固定的時間將車子駛回公司，便算完了事。工作很清閒，喜歡到處溜躂。好不容易才找到他，隔着一重雨絲，兩重雨絲，彷彿見他蹲在那兒——每當他風濕發作時，便只有這個姿勢能令他感到舒服點了。驀地，我感到和父親的距離竟是這般遙遠而接近。我把雨傘遞給他，他吃力的站起來，卻還自朝車子走去。我也只好挾着雨傘隨着他走！他使力的爬上駕駛座位，我伸手去攙扶他，卻被推開了。呵！原來他額上已添了那麼多的皺紋和白髮！……

我迷惘地呆呆望着父親。他也淡然的沒有什麼表示，倒是從他的眼神中好像告訴我：「你的父親最放任，你的父親曾流浪、顛沛，曾走過大江南北，……可是，現在，卻把自己安置在這駕駛座位上，而且這輩子也休想再下來了。」

父親關上了車門，肆意踏響了油門，好像將自己過去的流浪、顛沛、韶光和現在的放任、理想、希望，都一併踏退去似的：車頭擋風玻璃上的小撥擺動着，也好像劃破了什麼似的。車子去遠了，雨還在，人還在，雨傘還挾在我的腋下……

那天晚上，我在日記上寫着：「……我一直都是很愛他的，但那只是名份與親情。然而此際，我才真真正正的愛上了他，那並不只是因為他是我的爸爸……」

一、作者在文中為什麼說他跟父親的距離是「遙遠而接近」的？

二、作者的父親是一個怎樣的人？他對父親的態度，前後有什麼改變？

三、這篇文章跟朱自清的背影比較，內容和作法上有什麼相同和不同的地方？

三、《中國語文》第二冊（香港人人書局編輯委員會編著，香港人人書局有限公司出版，一九九一年版，頁一〇九——一二四）：

背影

【作者】

朱自清（一八九八——一九四八），字佩弦，浙江省紹興縣人，在江蘇省揚州長大。現代著名文學家。一九二〇年北京大學畢業後，曾在江蘇、浙江等中學任教。在大學學習和中學任教期間，致力新詩創作。一九二五年，任清華大學中文系教授，轉致力於散文創作和研究古典文學。抗戰期間，任西南聯合大學教授。抗戰勝利後，任清華大學教授、中文系系主任。作品語言樸實，感情真摯，敘述清晰，結構緊密，有高度的藝術技巧。著作有蹤跡（新詩集）、背影（散文集）、歐遊雜記、詩言志辨、經典常談等，並有不少談及中國語文教學方面的論著。

【題　解】

本文寫於一九二五年，是朱自清的成名作。朱自清本在北京念書，因奔祖母的喪，返回南方。喪事辦妥後，父親要到南京謀事，他自己也要回北京念書，於是一同到南京。第二日，朱自清便乘車北上。本文寫的是父親到車站送行，特別強調父親攀爬月臺，為兒子買橘子時的背影，反映出父親對兒子的百般關懷，也情真意切地傾吐出兒子對父親的深沉思念。作者通過形象的刻劃，把父子之間的「愛」具體地表現出來。這篇文章，是他早期散文的代表作。

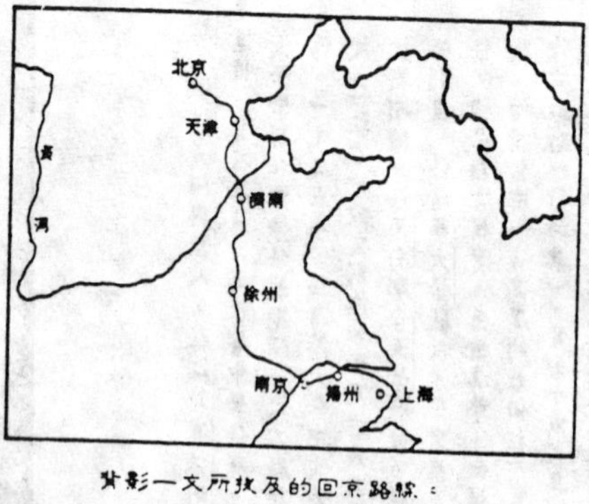

背影一文所提及的回京路線：

【教學重點】

體會誠摯感人的父子之愛。

敘事抒情的手法。

反語修辭法的認識。

【預　習】

一、作者在文章開首回憶往事，寫出家庭遭遇了什麼變故？

二、試舉出父親對作者關愛無微不至的三個例子。

三、反復閱讀下文，把其中描寫父親的動詞和形容詞分別找出來：

「我看見他戴着黑布小帽，穿着黑布大馬褂，深青布棉袍，蹣跚地走到鐵道邊，慢慢探身下去，尚不大難。可是他穿過鐵道，要爬上那月臺，就不容易了。他用兩手攀着上面，兩腳再向上縮；他肥胖的身子向左微傾，顯出努力的樣子。」

四、作者雖然說最不能忘記父親的背影，其實他最不能忘記的到底是什麼？

五、翻查辭典，解釋下列字詞的意義：

1 差使
2 賦閒
3 迂
4 拭
5 瑣屑
6 惦記
7 箸
8 大去

【課　文】

我與父親不相見已二年餘了，我最不能忘記的是他的背影。

那年冬天，祖母死了，父親的差使也交卸①了，正是禍不單行②的日子。我從北京到徐州③，打算跟着父親奔喪回家。到徐州見着父親，看見滿院狼藉④的東西，又想起祖母，不禁簌簌⑤地流下眼淚。父親說：「事已如此，不必難過，好在天無絕人之路！」

回家變賣典質⑥，父親還了虧空⑦；又借錢辦了喪事。這些日子，家中光景很是慘澹⑧，一半為了喪事，一半為了父親賦閒。喪事完畢，父親要到南京謀事，我也要回北京念書，我們便同行。

到南京時，有朋友約去遊逛，勾留⑨了一日；第二日上午便須渡江到浦口⑩，下午上車北去。父親因為事忙，本已說定不送我，叫旅館裏一個熟識的茶房⑪陪我同去。他再三囑咐茶房，甚是仔細。但他終於不放心，怕茶房不妥帖⑫；頗躊躇⑬了一會。其實我那年已二十歲，北京已來往過兩三次，是沒有什麼要緊的了。他躊躇了一會，終於決定還是自己送我去。我兩三回勸他不必去；他只說：「不要緊，他們去不好！」

我們過了江，進了車站。我買票，他忙着照顧行李。行李太多了，得向腳夫⑭行些小費，才可過去。他便又忙着和他們講價錢。我那時真是聰明過分，總覺他說話不大漂亮，非自己插嘴不可。但他終於講定了價錢，就送我上車。他給我揀定了靠車門的一張椅子；我將他給我做的紫毛大衣鋪好坐位。他囑我路上小心，夜裏要警醒些，不要受涼。又囑託茶房好好照應我。我心裏暗笑他的迂；他們只認得錢，託他們直是白託！而且我這樣大年紀的人，難道還不能料理自己麼？唉！我現在想想，那時真是太聰明了！

我說道：「爸爸，你走吧。」他望車外看一看，說：「我買

父親是一個胖子，走過去自然要費事些。

幾個橘子去。你就在此地，不要走動。」我看那邊月臺的柵欄外有幾個賣東西的等着顧客。走到那邊月臺，須穿過鐵道，須跳下去又爬上去。父親是一個胖子，走過去自然要費事些。我本來要去的，他不肯，只好讓他去。我看見他戴着黑布小帽，穿着黑布大馬褂⑮，深青布棉袍，蹣跚⑯地

他和我走到車上，將橘子一股腦兒放在我的皮大衣上。

走到鐵道邊，慢慢探身下去，尚不大難。可是他穿過鐵道，要爬上那邊月臺，就不容易了。

他用兩手攀着上面，兩腳再向上縮；他肥胖的身子向左微傾，顯出努力的樣子。這時我看見他的背影，我的淚很快地流下來了。我趕緊拭乾了淚，怕他看見，也怕別人看見。我再向外看時，他已抱了朱紅的橘子望回走了。過鐵道時，他先將橘子散放在地上，自己慢慢爬下，再抱起橘子走。到這邊時，我趕緊去攙⑰他。他和我走到車上，將橘子一股腦兒⑱放在我的皮大衣上。於是撲撲衣上的泥土，心裏很輕鬆似的。過一會說：「我走了；到那邊來信。」我望着他走出去。他走了幾步，回過頭看見我，說：「進去吧，裏邊沒人。」等他的背影混入來來往往的人裏，再找不着了，我便進來坐下，我的眼淚又來了。

近幾年來，父親和我都是東奔西走，家中光景是一日不如一日。他少年出外謀生，獨力支持，做了許多大事。那知老境卻如此頹唐⑲！他觸目傷懷，自然情不能自已⑳。情鬱於中㉑，自然要發之於外；家庭瑣屑便往往觸他之怒。他待我漸漸不同往日。但最近兩年的不見，他終於忘卻我的不好，只是惦記着我，惦記着我的兒子。我北來後，他寫了一信給我，信中說道：「我身體平安，惟膀子㉒疼痛厲害，舉箸提筆，諸多不便，大約大去之期不遠矣。」我讀到此處，在晶瑩的淚光中，又看見那肥胖的，青布棉袍，黑布馬褂的背影。唉！我不知何時再能與他相見！

我在晶瑩的淚光中，又看見那肥胖的背影。

【注釋】

①交卸　離職時將職務交給接任的人。卸，音瀉。
②禍不單行　不幸的事情接連來臨，不只一件。
③徐州　江蘇省北部的一個城市。
④狼藉　縱橫散亂。
⑤簌簌　紛紛落下的樣子。音速速。
⑥典質　用物品作抵押的借貸。質，音至。
⑦虧空　私自透支公款叫虧空。這裏指欠債。
⑧慘澹　淒慘。澹，同淡。
⑨勾留　停留。
⑩浦口　地名。在南京對岸。
⑪茶房　在旅館中替旅客服務的侍應生。
⑫妥帖　穩當、周到的意思。亦作「妥貼」。
⑬躊躇　猶豫不決。音籌廚。
⑭腳夫　搬運工人。
⑮馬褂　穿在袍子外面的衣服。
⑯蹣跚　走路時腳步不穩的樣子。音門山。
⑰攙　扶持。音「杉平聲」。
⑱一股腦兒　北方土語。全部、一起或統統的意思。
⑲頹唐　原指精神不振。這裏用來形容老年時的遭遇不好，致使情緒低落。
⑳情不能自已　感情激動，自己控制不住。已，止，控制住。
㉑情鬱於中　不愉快的情緒積壓在心裏。中，指內心。
㉒膀子　肩膀上臂，即由肩至肘的部分。

【問題討論】

一、為什麼作者用「背影」作為寫父子之愛的題材？本篇的題目，如果改為「我的爸爸」、「憶慈父」或「我最難忘的往事」，是否會更好呢？試說出你所持的理由。

二、作者一開首即說「我最不能忘記的」是父親的「背影」，這種寫法對全文起了什麼作用？

三、一篇結構完整的文章應包括開頭、中間和結尾三個部分。一般篇幅不太長的文章，開頭和結尾僅佔全文的一小部分，而中間則根據內容重點的多寡分成若干段。你讀完本文後，覺得它的開頭和結尾是怎樣安排的？

四、試根據下列兩項，說明作者父親說話的動機和感情：

①「事已如此，不必難過，好在天無絕人之路！」

②「我身體平安，惟膀子疼痛厲害，舉箸提筆，諸多不便。大約大去之期不遠矣。」

五、作者一次說自己「聰明過分」，一次說「太聰明了」，作者這些話的真正含意是什麼？

六、為什麼作者對父親攀爬月臺買橘子的動態，作詳細的描述？

七、作者先寫自己「聰明」，後寫自己看到父親背影而落淚，這樣的安排有什麼好處？

八、在作者心目中，他的父親是一個怎樣的人？本文怎樣用敘事抒情的手法來表達父親對兒子的愛？

【應用練習】

☆問答

一、文中哪些地方是回憶？哪些地方是寫現在？作者對父親的感情前後有什麼不同？

☆選擇

二、試在下列五項之中，圈出屬於本文寫作技巧的項目：

①對風景作重點式描繪

②形象描繪角度的選擇

③委婉有致的佈局

④用誇張筆法突出主角

⑤用平常的語言作細緻入微的描寫

☆辨識

三、試辨別下列各組之中兩個詞語的意義：

1 囑咐（　　）
　囑託（　　）

2 狼藉（　　）
　狼狽（　　）

3 忘記（　　）
　惦記（　　）

4 蹣跚（　　）
　闌珊（　　）

5 照顧（　　）
　照應（　　）

☆填表

四、細讀有關父親買橘子的段落，然後用自己的文字填寫下表：

橘子販的位置	
買橘子所要走的路程	
父親的身型	
父親的服飾	
父親爬上月臺的情形	

☆改寫

五、用反面的話表達正面的意思，用正面的話表達反面的意思，這種修辭法叫反語。反語往往帶有強烈的幽默或諷刺的意味。如作者在本文說：「那時眞是太聰明了！」便是用反語來諷刺自己。下面句子都運用了反語，試把它們的眞意寫出，注意不要更動句子的其他部分。

例：你太慷慨了，人家勸捐這麼久，你才捐一塊錢。──→你太吝嗇了，人家勸捐這麼久，你才捐一塊錢。

1 比賽剛開始，你便敗下陣來，你的棋藝實在太高超了。

2 他的歌聲美妙動人，只要一開口，周圍的人便紛紛借故離去。

☆仿作

六、試仿下列句式造句：

1 這些日子，家中光景很是慘澹，一半為了喪事，一半為了父親賦閒。

……一半為了……一半為了……

2 我這樣大年紀的人，難道還不能料理自己麼？

……這樣……難道……

3 我本來要去的，他不肯，只好讓他去。

……本來……只好……

4 但最近兩年的不見，他終於忘卻我的不好，只是惦記着我，惦記着我的兒子。

……終於……只是……

☆寫作

七、設想你看見一位同學候車時故意不排隊，車子來了，便爭先恐後的上車。試寫三個簡單句子，用反語的手法，諷刺他這種不正當的行為。

八、在上課時觀察一位老師的笑，寫一篇二百字左右（不包括標點符號）的觀察記錄。題目是：我們的老師笑了。

注意：

①在什麼時間、什麼場合、什麼情況下笑的。

②怎樣笑。

③對老師的笑的觀感。

☆閱讀理解

九、細閱下面的文字，用自己文句解答各問題：

對於繩子，我有一份特殊的感情。

那年出國，特地買了隻有四色方格圖樣的大皮箱。我非常喜歡它奪目的顏色和新潮的式樣。

出國前夕，父親逕自拿一根繩子將它結實地綑住！我實在不願帶這隻難看、土氣的五花大綁皮箱出國。然而，臨別依依，我只得將一腔埋怨壓抑下來。

飛機到了加州，我從機場領出那隻皮箱時，赫然發現那條長拉鍊竟然開着口，而滿滿一箱東西就全靠那根繩子給拴住了。

以後，每當我從箱裏取衣物時，父親那低着頭、沉默而堅定地綑箱子的神情，便映現腦際：它就像那根強韌扎實的繩子，在我軟弱時，化成千萬股力量，牽引着我走過一段又一段的長路。

在風雷的異國土地上，這根繩子亦變得綿長而無盡了。

1 本文抒發了什麼樣的感情？
2 作者對父親用繩子綑綁皮箱一事，前後的反應有什麼不同？
3 為什麼作者說「在風雷的異國土地上，這根繩子亦變得綿長而無盡了」？

香港語文課本編排設計相當別出心裁，取材不厭其詳，所以有「預習」、「討論」、「練習」、「學習重點」等項目，以供教學上的方便。而由人人書局出版的《中國語文》第二冊，一九七八年版和一九九一年版比較，內容顯然有大幅的更改，可看出香港教科書編輯努力追求完善的精神。

原載於《國文天地》第75期
民國80年8月，頁87～96

教科書內容設計觀摩（下）

——以朱自清〈背影〉一文為例

王志成

大陸方面

大陸方面，由於資料來源的限制，未能掌握全面的訊息，謹就二種版本以書影存真的方式，提供大家參考：

一、《語文》第二冊（華東師範大學教育科學學院、第一附中編，華東師範大學出版社出版，一九八二年十二月第一版，一九八七年十月第四次印刷，頁一七七——一八二）：

训练点（31）要求：

用二三事写人以一件事情为主表现人物的特点，要线索清晰，确定感情的基调，从烘托中突出特征性的印象，注意运用细节描写。写一个人物的印象。

八十三、背　　影①

朱自清

我与父亲不相见已二年余了，我最不能忘记的是他的背影。

那年冬天，祖母死了，父亲的差使②也交卸了，正是祸不单行的日子。我从北京到徐州③打算跟着奔丧回家。到徐州见着父亲，看见满院狼藉④的东西，又想起祖母，不禁簌簌⑤地流下眼泪。父亲说，“事已如此，不必难过，好在天无绝人之路！”

回家变卖典质⑥，父亲还了亏空；又借钱办了丧事。这些日子，家中光景很是惨淡⑦，一半为了丧事，一半为了父亲赋闲⑧。丧事完毕，父亲要到南京谋事，我也要回北京念书，我们便同行。

到南京时，有朋友约去游逛，勾留⑨了一日；第二日上午便须渡江到浦口⑩，下午上车北去。父亲因为事忙，本已说定不送我，叫旅馆里一个熟识的茶房陪我同去。他再三嘱咐茶房，甚是仔细。但他终于不放心，怕茶房不妥贴；颇踌躇了一会。其实我那年已二十岁，北京已来往过二三次，是没有什么要紧的了。他踌躇了一会，终于决定还是自己送我去。我两三回劝他不必去；他只说"不要紧，他们去不好！"

我们过了江，进了车站，我买票，他忙着照看行李。行李太多了，得向脚夫⑪行些小费⑫才可过去。他便又忙着和他们讲价钱。我那时真是聪明过分，总觉他说话不大漂亮，非自己插嘴不可．但他终于讲定了价钱，就送我上车。他给我拣定了靠车门的一张椅子；我将他给我做的紫毛大衣铺好座位。他嘱我路上小心，夜里要警醒些，不要受凉。又嘱托茶房好好照应我。我心里暗笑他的迂⑬；他们只认得钱，托他们只是白托！而且我这样大年纪的人，难道还不能料理自己么？唉，我现在想想，那时真是太聪明了！

我说道，"爸爸，你走吧。"他往车外看了看，说："我买几个桔子去。你就在此地，不要走动。"我看那边月台的栅栏外有个卖东西的等着顾客。走到那边月台，须穿过铁道，须跳下去又爬上来。父亲是一个胖子，走过去自然要费事些。我本来要去的，他不肯，只好让他去。我看见他戴着黑布小帽，穿着黑布大马褂，深青布棉袍，蹒跚⑭地走到铁道边，慢慢探身下去，尚不大难。可是他穿过铁道，要爬上那边月台，就不容易了。他用两手攀着上面，两脚再向上缩；他肥胖的身子向左微倾，显出努力的样子。这时我看见他的背影，我的泪很快地流了下来了。我赶紧拭干了泪，怕他看见，也怕别人看见。我再向外看时，他已抱了朱红的桔子往回走了。过铁道时，他先将桔子散放在地上，自己慢慢爬下，再抱起桔子走。到这边时，我赶紧去搀他。他和我走到车上，将桔子一股脑儿放在我的皮大衣上。于是扑扑身上的泥土，心里很轻松似的。过了一会说："我走了，到那边来信！"我望着他走出去。他走了几步，回头看见我，说，"进去吧，里边没人。"等他的背影混入来来往往的人里，再找不着了，我便进来坐下，我的眼泪又来了。

近几年来，父亲和我都是东奔西走，家中光景是一日不如一日。他少年出外谋生，独立支持，做了许多大事。那知老境却如此颓唐！他触目伤怀⑮，自然情不能自已。情郁于中⑯，自然要发之于外；家庭琐屑便往往触他之怒。他待我渐渐不同往日。但最近两年的不见，他终于忘却我的不好，只是惦记着我，惦记着我的儿子。我北来后，他写了一封信给我，信中说道，"我身体平安，惟⑰膀子疼痛厉害，举箸⑱提笔，诸多不便，大约大去⑲之期不远矣。"我读到此处，在晶莹的泪光中，又看见那肥胖的、青布棉袍黑布马褂的背影。唉！我不知何时再能与他相见！

注　解：

①本文选自《朱自清文集》　②差使——旧社会在机关里做事叫"当差使"，这里指职务。　③徐州——清代徐州府治，即今江苏铜山县，民国时废府留县，但一般人还是称着徐州的旧名。本文写于一九二五年，当时尚未设置现在的徐州市，直到一九三八年，才在津浦和陇海两铁路交点，由铜山县析置徐州市。　④狼藉——乱七八糟的样子。　⑤簌簌——纷纷落下的样子。　⑥变卖典质——把财物出卖和典当出去，质，抵押。　⑦惨淡——凄惨暗淡，不景气。　⑧赋闲——晋代潘岳作《闲居赋》，后来就称闲居无事为赋闲，这里指失业在家。　⑨勾留——短时间地停留。　⑩浦口——站名，在南京市西北部的长江北岸，是津浦铁路的终点站。⑪脚夫——旧社会对搬运工人的称呼。　⑫小费——旧社会顾客、旅客送给服务人员的钱，现在资本主义各国还很盛行。　⑬迂——言行守旧，不合时宜。　⑭蹒跚（pánshān）——因为腿脚不灵便，走路缓慢、摇摆的样子。　⑮触目伤怀——看到（家庭败落的严重情况）心里感到悲伤，怀，心里。　⑯情郁于中——感情郁积

在心里不得发泄。 ⑰惟——只。 ⑱箸(zhū)——筷子。⑲大去——一去不返叫"大去"。也用作死亡的讳词，意即与世长辞。

思 考：

一、父母养育子女、期望子女，对子女的关怀无微不至，是一般人的常情。但是，由于时代的潮流和风尚不同，年轻人又缺乏社会生活的经验，往往对父母的关怀不很理解。文章中哪些地方表现出父亲的关怀？"我"什么时候才理解了？理解之后的思想感情怎样？

二、文章写了哪几件事？以哪件事为主？跟题目有什么关系？

三、文章的语言十分具体、生动、形象，很有感情，但又朴实无华，这种写法叫做白描。用白描表现真挚的感情可以更加深切感人。比如父亲送"我"上车的过程中，前后只说了四句话，都很简短，意思也很平常，却充分表达了父亲的一片爱子之心。仔细体味这种白描的语言。

作 业：

一、抄读下列词语：

差使　祸不单行　狼藉　簌簌
天无绝人之路　惨淡　赋闲　勾留　妥贴
蹒跚　触目伤怀　情郁于中　琐屑　惦记
箸

二、下面一张表格反映了课文的叙事跟写人的表情达意的关系，写一段话说明表格的内容：

叙事	人物活动线索		表情达意
	父	子	
奔丧回家(略)	奔丧	奔丧	表现家中光景用以烘托感情.
南京分别(详)	谋事 —— 送行	回校	从琐事写出父亲的关怀．真实地反映了年老的父亲始终把儿子看作需要自己照料的孩子．买桔的背影象征着为儿子不辞辛劳的爱．
北京回忆(略)		读信	呼应家中光景．环境始终惨淡．回忆更加伤感．怀念之切是因为父子情深。」

三、有些细枝末节的事物，如果注意观察，写在文章里为表情达意服务，会使内容显得丰富深刻。描写这种事物叫做细节描写。课文写父亲给自己做的紫毛大衣，写父亲抱着朱红的桔子，都是简炼精采的细节描写，请联系课文的其他内容分析这两个细节描写好在哪里。

四、适当使用通俗的口语或者文言词句，不仅可以使行文有变化，而且能够使语句活泼有味。比较下列四组句子说说表达上的不同效果：

{ 1、到徐州见着父亲，看见满院狼藉的东西。
{ 2、到徐州见着父亲，看见院子里到处是乱丢乱放的东西。

{ 1、他和我走到车上，将桔子一股脑儿放在我的皮大衣上。
{ 2、他和我走到车上，将桔子全部放在我的皮大衣上。

{ 1、近几年来，父亲和我都是东奔西走，家中光景是一日不如一日。
{ 2、近几年来，父亲和我都为生活奔忙，家里的日子越来越不好过，

{ 1、情郁于中，自然要发之于外；家庭琐屑便往往触他之怒。
{ 2、不愉快的情绪积在心里，自然要发泄出来；家庭中无关紧要的小事也往往会引起他发脾气。

五、背诵："我看见他戴着黑布小帽……我的眼泪又来了"。

六、命题文：《印象深刻的一瞥》

习作要求：

1.确定表达的感情基调，有烘托，有照应，以一件事情为主记叙人物；

2.突出具有象征意义的特征性一瞥，表现人物的思想感情；

3.要有细节描写。

二、《語文》第四冊（人民教育出版社語文一室編，人民教育出版社出版，一九八八年六月第二版，一九八八年十一月第十二次印刷，頁六十六——七十一）：

第三单元

教学要求

一　了解叙事散文的特点

二　理解散文的结构、语言

一　背　影[①]

朱自清

学习重点

一　叙事散文的特点

二　描写人物在特定环境下的特征

我与父亲不相见已二年余了，我最不能忘记的是他的背影。

那年冬天，祖母死了，父亲的差使[②]也交卸了，正

①选自《朱自清选集》。　②〔差（chāi）使〕旧社会在机关里做事叫"当差"，这里指"职务"。

是祸不单行的日子。我从北京到徐州打算跟着父亲奔丧回家。到徐州见着父亲，看见满院狼籍①的东西，又想起祖母，不禁簌簌②地流下眼泪。父亲说，“事已如此，不必难过，好在天无绝人之路！”

回家变卖典质③，父亲还了亏空；又借钱办了丧事。这些日子，家中光景很是惨淡④，一半为了丧事，一半为了父亲赋闲⑤。丧事完毕，父亲要到南京谋事，我也要回北京念书，我们便同行。

到南京时，有朋友约去游逛，勾留⑥了一日；第二日上午便须渡江到浦口⑦，下午上车北去。父亲因为事忙，本已说定不送我，叫旅馆里一个熟识的茶房陪我同去。他再三嘱咐茶房，甚是仔细。但他终于不放心，怕茶房不妥贴；颇踌躇了一会。其实我那年已二十岁，北京已来往过两三次，是没有什么要紧的了。他踌躇了一会，终于决定还是自己送我去。我再三劝他不必去；他只说，“不要紧，他们去不好！”

我们过了江，进了车站。我买票，他忙着照看行

---

①〔狼籍(jí)〕乱七八糟的样子。　②〔簌簌(sùsù)〕纷纷落下的样子。　③〔变卖典质〕(把自己的财产、衣物)出卖和典当出去。质，当。　④〔惨淡〕凄惨暗淡，不景气。　⑤〔赋闲〕指失业在家。　⑥〔勾留〕短时间的停留。　⑦〔浦口〕镇名，在南京市西北部的长江北岸，是津浦铁路的终点站。

李。行李太多了，得向脚夫[①]行些小费[②]才可过去。他便又忙着和他们讲价钱。我那时真是聪明过分，总觉他说话不大漂亮，非自己插嘴不可，但他终于讲定了价钱；就送我上车。他给我拣定了靠车门的一张椅子；我将他给我做的紫毛大衣铺好坐位。他嘱我路上小心，夜里要警醒些，不要受凉。又嘱托茶房好好照应我。我心里暗笑他的迂[③]；他们只认得钱，托他们只是白托！而且我这样大年纪的人，难道还不能料理自己么？唉，我现在想想，那时真是太聪明了！

我说道，"爸爸，你走吧。"他望车外看了看说："我买几个橘子去。你就在此地，不要走动。"我看那边月台[④]的栅栏外有几个卖东西的等着顾客。走到那边月台，须穿过铁道，须跳下去又爬上去。父亲是一个胖子，走过去自然要费事些。我本来要去的，他不肯，只好让他去。我看见他戴着黑布小帽，穿着黑布大马褂，深青布棉袍，蹒跚[⑤]地走到铁道边，慢慢探身下去，尚不大难。可是他穿过铁道，要爬上那边月台，就不容易了。他用两手攀着上面，两脚再向上缩；他肥胖的身子向左微倾，显出努力的样子，这时我看见他的背影，我的泪

---

①〔脚夫〕旧社会对搬运工人的称呼。　②〔小费〕旧社会顾客、旅客额外送给服务人员的钱。　③〔迂〕言行守旧，不合时宜。

④〔月台〕站台。　⑤〔蹒跚(pánshān)〕因为腿脚不灵便，走路缓慢、摇摆的样子。

很快地流下来了。我赶紧拭①干了泪。怕他看见，也怕别人看见。我再向外看时，他已抱了朱红的橘子望回走了。过铁道时，他先将橘子散放在地上，自己慢慢爬下，再抱起橘子走。到这边时，我赶紧去搀他。他和我走到车上，将橘子一股脑儿放在我的皮大衣上。于是扑扑衣上的泥土，心里很轻松似的。过一会说："我走了，到那边来信！"我望着他走出去。他走了几步，回头看见我，说："进去吧，里边没人。"等他的背影混入来来往往的人里，再找不着了，我便进来坐下，我的眼泪又来了。

近几年来，父亲和我都是东奔西走，家中光景是一日不如一日。他少年出外谋生，独立支持，做了许多大事。那知老境却如此颓唐②！他触目伤怀③，自然情不能自已④。情郁于中⑤，自然要发之于外；家庭琐屑⑥便往往触他之怒。他待我渐渐不同往日。但最近两年的不见，他终于忘却我的不好，只是惦记着我，惦记着我的儿子。我北来后，他写了一信给我，信中说道，"我身体平安，惟⑦膀子疼痛厉害，举箸⑧提笔，诸多不便，大约大去⑨之期不远矣。"我读到此处，在晶莹的泪光中，

---

①〔拭(shì)〕擦。　②〔颓唐〕精神不振作。　③〔触目伤怀〕看到（家庭败落的严重情况）心里感到悲伤。怀，心里。　④〔已〕停止，这里是控制的意思。　⑤〔情郁于中〕感情聚积在心里不得发泄。⑥〔琐屑〕细小而繁多（的事）。　⑦〔惟〕只。　⑧〔箸(zhù)〕筷子。　⑨〔大去〕意思是与世长辞，一去不返。

又看见那肥胖的、青布棉袍黑布马褂的背影。唉！我不知何时再能与他相见！

思 考

一 本文没有从正面写人物的神情、音容笑貌，却着力写人物形象在特定环境下的一个特征——背影，想一想作者为什么这样写，这样写有什么好处。

二 这篇课文，回忆往事，写的是普通的生活感受，用的文字也不多，却十分感人。阅读时细心体会。

练 习

一 这是一篇叙事散文。阅读时要弄清事情的来龙去脉，了解作者的用意。

1. 文章开头写父子一同回家奔丧，它的作用是什么？
2. 写父子二人在南京"勾留了一日"，为什么南京的见闻一句也没写？
3. 怎样理解父亲坚持送儿子上火车，坚持给儿子买橘子？

二 父亲的"背影"为什么会给作者留下最难忘的印象？它表达了怎样的感情？

三 文章四次提到父亲的"背影"，为什么有的详写，有的略写？

四 写父亲在送子上车的过程中，前后只说了四句话，都很简短，意思也很平常，把这四句话找出来，说说它表达了父亲怎样的心情。

五　用下列词语造句

狼藉　惨淡　勾留　祸不单行

蹒跚　颓唐　晶莹　东奔西走

一二　记一辆纺车[1]

吴伯箫

学习重点

一　以具体事物为线索组织材料

二　记事与抒情相结合

我曾经使用过一辆纺车，离开延安那年，把它跟一些书籍一起留在蓝家坪[2]了。后来常常想起它。想起它，就象想起旅伴，想起战友，心里充满着深切的怀念。

那是一辆普通的纺车。说它普通，一来是它的车架、轮子、锭子[3]跟一般农村用的手摇纺车没有什么两样；二来是它是延安上千上万辆纺车中的一辆。那个时候在延安，无论是机关的干部，学校的教员和学员，

①选自《人民文学》1961年第4期，有改动。　②〔蓝家坪(píng)〕地名，在延安北门外延河边上。　③〔锭(dìng)子〕纺车上一种绕线用的转动的机件。

新加坡方面

由於資料來源有限，未能全面掌握訊息，謹以二種版本提供讀者參考。

一、《華文》第七冊修訂版（黃燊輝、歐鐘富編輯，教育出版社私營有限公司出版，一九七七年十二月初版，一九八三年十二月第三次印刷，頁二十——二十五）：

四 背影

朱自清

我和父亲不曾相见已有两年多了，我最不能忘记的是他的背影。

那年冬天，祖母死了，丧事完毕，父亲要到南京去谋事①，我也要回北京念书，我们便同行。

到南京时，有朋友约我去游逛②，勾留③了一日；第二日上午便渡江到浦口④，下午上车北去。父亲因为事忙，本已说定不送我，叫旅馆里一个熟识的茶房⑤陪我同去。他再三⑥嘱咐茶房，甚是仔细。但他终于不放心，怕茶房不妥帖⑦；颇踌躇了一会儿。其实我那年已有二十岁，北京⑧已来往过三次，是没有什么要紧的了。他踌躇了一会儿，终于决定还是自己送我去。我两三回劝他不必去；他只说："不要紧，他们去不好！"

我们过了江，进了车站。我去买票，他忙着照顾行李⑨。行李太多了，得向脚夫⑩行些⑪小费⑫，才可过去。他便又忙着和他们讲价钱。我那时真是聪明过分，总觉他说话不大漂亮，非自己插嘴不可，但他终于讲定了价钱，就送我上车。他给我拣⑬定了靠车门的一张椅

20

子，我将他给我做的紫毛大衣铺好座位。他嘱我路上小心；夜里要警醒⑭些，不要受凉。又嘱托茶房好好照应我。我心里暗笑他的迂⑮；他们只认得钱，托他们简直是白托⑯！而且我这样大年纪的人，难道还不能料理自己吗？唉，我现在想想，那时真是太聪明了！

我说道：“爸爸，你走吧。”他往车外看了看，说：“我买几个橘子去。你就在此地，不要走动。”我看那边月台⑰的栅栏⑱外，有几个卖东西的小贩等着顾客。走到那边月台，须穿过铁道，须跳下去又爬上去。父亲是一个胖子，走过去自然要费事⑲些。我本来要去的，他不肯，只好让他去。我看见他戴着黑布小帽，穿着黑布大马褂⑳，深青布棉袍，蹒跚地㉑走到铁道边，慢慢探身下去，还不大难。可是他穿过铁路，要爬上那边月台，就不容易了。他用两手攀着㉒上面，两脚再向上缩；他肥胖的上身向左微倾，显出很吃力的样子。这时我看见他的背影，我的泪很快地流了下来，我赶紧拭干㉓了泪，怕他看见，也怕别人看见。我再向外看时，他已抱了朱红的橘子走回来了。过铁道时，他先将橘子散放在地上，自己慢慢爬下，再抱起橘子走。到那边，我赶紧去搀㉔他。他和我走到车上，将橘子一股脑儿㉕放在我的皮大衣上，于是扑扑衣上的泥土，心里很轻松似的，过了一会儿说：“我走了，到那边要来信呵！”我望着他走出去。他走了几步，回过头看见我，说：“进去吧，里边没人。”等他的背影混入㉖来来往往的人里，再也找不着了，我便进来坐下，我的眼泪又来了。

作者

朱自清（1898-1948），中国现代文学家，他曾游学欧美，并担任过清华大学中国文学系主任。他的著作很多，内容包括新诗和散文，还有许多文艺评论性质和关于语文教育的著作。最著名的是诗集《踪迹》，散文集《背影》、《欧游杂记》等。

题解

这是一篇抒写父子之情的文章。作者通过车站送别的一段生活小故事，追忆两年前跟父亲分别时，父亲的背影给他留下难忘的印象。

解释

①谋　事：móu shì
设法找事做。

②游　逛：yóu guàng
到处游玩。

③勾　留：gōu liú
因为事情没有办完而稍作停留。

④浦　口：Púkǒu
地名，在中国江苏省境内。

⑤茶　房：chá fáng
过去旅馆中或舟车上，替客人准备茶水的工人。

⑥再　三：zài sān
好几次的意思。

⑦妥　贴：tuǒ tiē
妥当体贴，形容照顾得很周到。

⑧北　京：Běijīng
地名，在中国河北省境内，现在是中国的首都。

⑨行　李：xíng lǐ
出门时随身所带的衣物等，叫做行李。

⑩ 脚夫：jiǎo fū
在车站或码头，替搭客搬运行李或货物的工人。

⑪ 行些：xíng xiē
给一点。

⑫ 小费：xiǎo fèi
额外的赏钱。

⑬ 拣：jiǎn
选择的意思。

⑭ 警醒：jǐng xǐng
指睡觉时易醒。

⑮ 迂：yū
说话和做事，态度固执而不合实际。

⑯ 白托：bái tuō
指托人做事，没有一点成果。

⑰ 月台：yuè tái
火车站上，铁道旁边筑起的高地，搭客就从这里上车、下车。

⑱ 栅栏：zhà · lan
用木条、铁条等做成的围栏。

⑲ 费事：fèi shì
麻烦的意思。

⑳ 大马褂：dà mǎ guà
民国初年，中国流行的男装。

㉑ 蹒跚地：pán shān · de
走路摇摆不定的样子。

㉒ 攀着：pān · zhe
用手抓一样东西向上爬。

㉓ 拭干：shì gān
擦干的意思。

㉔ 搀：chān
用手扶住。

㉕ 一股脑儿：yī gǔ nǎor
中国北方土语，全部的意思。

㉖ 混入：hùn rù
走入人群里。

课文分析

这是一篇抒情文。

本文的主旨，是发扬父亲爱护儿子的深情，并抒发作者对父爱的感激与怀念。

本文可以分为五段：

第一段：写作者对父亲的背影念念不忘。

第二段：写作者回忆两年前跟父亲一同到南京的经过情形。

第三段：写父子一同抵达南京，父亲对儿子十分关怀，虽然事忙，还是坚持亲自送儿子上火车。

第四段：叙述到车站以及上车的情形。

第五段：写父亲买橘子的情形，以及作者从父亲的背影体会到父亲的辛劳，不禁掉下了眼泪。

本文的结构严谨精密，文中处处围绕着"背影"这个主题来描写。虽然故事的情节简单，但是父亲对儿子的真挚感情却跃然纸上，使人读了，深受感动。总之，从表面看这篇文章，似乎十分平淡，实际却洋溢着父子间的深情。

问　题：试回答下列问题。

(1) 作者如何描写他的父亲对他无微不至的爱护？
(2) 为什么作者看见他父亲的背影时，会流下眼泪？
(3) 谈谈作者的父亲买橘子的情形。

语文活动

(一) 试把下面的字，组成词语，并各造一个句子。

(1)深____　　(4)____养
(2)____茂　　(5)无____
(3)爱____　　(6)____落

(二) 试改正下列各句中的错别字。

(1)长期生活在污烛空气里的人，很容易患上肺癌。

(2)要向公众人士宜布消息，可以在报纸上刊登一则启事。

(3)火车站四周有栅栏围着。

(4)最近这间商店顾用了几位售货员。

(5)在座谈会开始之前，会场上的听众叫头接耳地谈话。

(三) 试解释下列句子中划线的词语。

(1)我和他<u>不曾</u>相见已有五年多了。

(2)人们<u>存心</u>要干坏事，那是很容易找到理由的。

(3)当他要求父亲送他到外国去<u>深造</u>时，他父亲因经济困难而踌躇起来。

(4)由于他能刻苦耐劳，做事有计划、有眼光，所以业务<u>蒸蒸日上</u>。

(5)他做事不认真，被上司<u>申斥</u>了一顿。

二、《華文》第三冊（林徐典主編，杜連孫、蔡明狄、張嘉鎮編輯，教育出版社私營有限公司出版，一九七八年五月初版，一九八二年十月第五次印刷，頁四十八——五十五）：

背　影

朱自清

〔题　解〕

作者通过车站送别的一段生活小故事，追忆当年与父亲分别时，父亲的背影给他的难忘印象。文中处处围绕着这个主题来描写，情节简单，而父亲对于儿子的真挚感情跃然纸上，使人读来深受感动。

〔作　者〕

朱自清（一八九八——一九四八），字佩弦。浙江省绍兴县人。一九二〇年毕业于北京大学哲学系，曾游学欧美。回国后任清华大学中国文学系主任多年。

他一生的著作共二十余种，约二百万字，多半是诗文。重要的有诗集《踪迹》；散文集《背影》、《欧游杂记》等；古典文学研究有《经典常谈》和《诗言志辨》等；文学批评有《新诗杂话》、《标准与尺度》、《论雅俗共赏》等。他的著作汇集为《朱自清文集》四卷。

我与父亲不相见已二年余了，我最不能忘记是他的背影。

那年冬天，祖母死了，父亲的差使①也交卸

〔注　释〕

①差使——（差chāi）旧时称下级官吏的职务。

②了。正是祸不单行的日子。我从北京③到徐州④，打算跟着父亲奔丧回家。到徐州见着父亲，看见满院狼藉⑤的东西，又想起祖母，不禁簌簌地⑥流下眼泪。父亲说："事已如此，不必难过，好在天无绝人之路！"

回家变卖典质⑦，父亲还了亏空⑧，又借钱办了丧事⑨。这些日子，家中光景很是惨淡⑩，一半为了丧事，一半为了父亲赋闲⑪。丧事完毕，父亲要到南京⑫谋事，我也要回北京念书，我们便同行。

---

②交卸——（卸 xiè）把职务移交与别人。
③北京——中国的首都，是中央直辖市。
④徐州——江苏省北部的一个城市。
⑤狼藉——散乱而不整齐。
⑥簌簌地——（簌sù）不断地，纷纷地。
⑦典质——（质 zhì）抵押物品，就是拿东西到当店里去当。
⑧亏空——（空kòng）开支超过收入，欠了别人的钱。
⑨丧事——（丧sāng）料理死人丧殓的事情。
⑩惨淡——指家中贫苦的情况。
⑪赋闲——失业在家。
⑫南京——在江苏省长江南岸，古称金陵。今称南京市。

到南京时，有朋友约去游逛，勾留⑬了一日；第二日上午便须渡江到浦口⑭，下午上车北去，父亲因为事忙，本已说定不送我，叫旅馆里一个熟识的茶房⑮陪我同去。他再三嘱咐茶房，甚是仔细。但他终于不放心，怕茶房不妥帖⑯，颇踌躇⑰了一会。其实我那年已二十岁，北京已来往过两三次，是没有什么要紧的了。他踌躇了一会，终于决定还是自己送我去。我两三回劝他不必去；他只说："不要紧，他们去不好。"

我们过了江⑱，进了车站。我买票，他忙着照看行李。行李太多了，得向脚夫⑲行些小费⑳

---

⑬勾留——因事停留。

⑭浦口——在江苏省浦口县东北十余公里，与南京下关隔江相望，现有长江大桥横跨江面，工程浩大，为中国第一大桥。

⑮茶房——过去称旅馆、舟车中的侍役。

⑯妥帖——妥当。

⑰踌躇——（踌chóu；躇 chú）有怀疑，左思右想拿不定主意。

⑱我们过了江——当时没有长江大桥，从南方到北京去的旅客，必须渡过长江，然后到浦口坐火车。

⑲脚夫——搬运行李货物的工人。

⑳行些小费——行，使用的意思。小费，在规定应纳的费用之外，另给的赏钱。

，才可过去。他便又忙着和他们讲价钱，我那时真是聪明过分，总觉得他说话不大漂亮，非自己插嘴不可，但他终于讲定了价钱；就送我上车。他给我拣定了靠车门的一张椅子；我将他给我做的紫毛大衣铺好坐位。他嘱我路上小心，夜里要警醒些，不要受凉。又嘱托茶房好好照应我。我心里暗笑他的迂㉑；他们只认得钱，托他们真是白托！而且我这样大年纪的人，难道还不能料理自己么？唉，我现在想想，那时真是太聪明了㉒！

我说道：“爸爸，你走吧。”他望车外看了看，说：“我买几个橘子㉓去。你就在此地，不要走动。”我看那边月台㉔的栅栏外有几个卖东西的等着顾客。走到那边月台，须穿过铁道，须跳下去又爬上去。父亲是一个胖子，走过去自然要费事些。我本来要去的，他不肯，只好让他去。我看见他戴着黑布小帽，穿着黑布大马褂，深青

㉑迂——yū拘泥保守，不合实际。

㉒那时真是太聪明了——这是一句反语。

㉓橘子——常绿灌木，高约二三公尺，冬天结果，形状象橙，味甜，盛产于浙江、广东、福建等省。

㉔月台——车站上轨道旁边的高地，乘客就从这里上下车。

布棉袍，蹒跚㉕地走到铁道旁，慢慢探身下去，尚不太难，可是他穿过铁道，要爬上那边月台，就不容易了。他用两手攀着上面，两脚再向上缩；他肥胖的身子向左微倾，显出努力的样子。这时我看见他的背影，我的泪很快地流下来了。我赶紧拭干了泪，怕他看见，也怕别人看见。我再向外看时，他已抱了朱红的橘子走回来了。过铁道时，他先将橘子散放在地上，自己慢慢爬下，再抱起橘子走。到这边时，我赶紧去搀㉖他。他和我走到车上，将橘子一股脑儿㉗放在我的皮大衣上。于是扑扑衣上的泥土，心里很轻松似的。过一会说：“我走了；到那边来信！”我望着他走出去。他走了几步，回过头看见我，说：“进去吧，里边没人。”等他的背影混人来来往往的人里，再找不着了，我便进来坐下，我的眼泪又来了。

近几年来，父亲和我都是东奔西走，家中光

㉕蹒跚——（蹒mán：跚shān）跛行的样子，形容走路摇摆不稳定。

㉖搀——chān扶住。

㉗一股脑儿——一齐，统统。

景㉘是一日不如一日。他少年出外谋生，独力支持，做了许多大事。那知老境却如此颓唐㉙！他触目伤怀，自然情不能自已㉚。情郁于中㉛，自然要发之于外㉜；家庭琐屑㉝便往往触他之怒。他待我渐渐不同往日，但最近两年的不见，他终于忘却我的不好，只是惦记㉞着我，惦记着我的儿子。我北来后，他写了一信给我，信中说道："我身体平安，惟膀子㉟疼痛利害。举箸㊱提笔，诸多不便，大约大去㊲之期不远矣。"我读到此处，在晶莹的㊳泪光中，又看见那肥胖的、青布棉袍黑布马褂的背影。唉！我不知何时再能与他相见！

㉘光景——情况。
㉙颓唐——精神不好。引伸为"不得意"。
㉚情不能自已——感情无法控制。
㉛情郁于中——感情闷在心里。
㉜发之于外——向外面发泄。
㉝琐屑——小事。
㉞惦记——思念，挂念。
㉟膀子——手臂。
㊱箸——筷子。
㊲大去——死。
㊳晶莹的——象玉石一般光亮而洁白的。

〔提　示〕

一、本文是一篇抒情的散文。

二、本文的主题，是表扬父亲爱护儿子的深恩，并抒发作者对父爱的感激与怀念之情。

三、全文共分七段：

第一段：开门见山地点出了父亲的背影。

第二段：追忆二年前祸不单行的日子，祖母去世，父亲失业。

第三段：这一段写家庭遭了变故以后，境况惨淡。父亲要到南京谋事，他要回北京念书。

第四段：写父子一同到了南京。父亲对儿子十分关怀，虽然事忙，还是要亲自送儿子上火车。

第五段：叙述到车站以及上车的情形。父亲替儿子择定座位，并嘱托茶房好好的照应儿子。处处表现对儿子的关心是多么的深切。这一段最后几句批评父亲的话，使文章波澜起伏，不至于平铺直叙。同时也加深了读者对父亲的同情。

第六段：这一段是本篇的中心和高潮，所以篇幅比任何一段都长。写父亲去买橘子的情形，作者从他的背影体会到父亲的辛劳，而落下了眼泪。

第七段：作者写出怀念父亲的感情，用信里两句话来加强气氛。末了，以回忆父亲的背影作结束，与首段相呼应，使结构严谨，文章浑然一体。

四、本文的结构严谨精密。全篇以父亲在铁道两边蹒跚往来买橘子的形象为焦点，好几次重复着祖母的亡故和父亲的亏空，气氛越来越浓烈，到车站上就用全力刻划了这个富有典型意义的背影动态，再用这个背影混入人群时的情景作补充，背影的主题和它所特有的情绪就在这个焦点上凝成了；“大去之期不远矣”这信里的几句话，则是传神的结尾，曲折地表达蕴藏在这个形象中落寞的心情，反映了当时灰暗的世态；而文中作者的几次流泪几声"唉"，恰好作为全篇的节奏，使全文呈现出一种凄清的情调，恰当地传达了作者当时内心的感受。这篇散文简炼而又深刻的表现力，严谨精密的结构，可以看出作者早期散文的艺术特色。

五、本篇中关于一些细节的描写，例如从变卖典当，借钱办丧事，还让儿子上北京念书；父亲自己穿的是青布棉袍，却替儿子做紫毛大衣；送儿子坐火车，吩咐茶房照顾儿子；以至买橘子时穿过铁路，爬上月台的吃力等等，目的都是为着加强这位爱护儿子的父亲的形象，我们读时应该再三玩味，不可忽略。

〔问　题〕

1.作者的父亲哪一些行为表现出他对儿子的深情？
2.文中怎样描写父亲买橘子的情形？
3.指出这篇文章在描写技巧上的优点。
4.根据自己亲身的感受，试写一篇"我的父亲"的抒情文。

大家來編國文課本

理想的國文課本其內容該如何編排？是個很大問題，也是很重要問題。到底要採取何種方法才能解決這個難題。以下是我的淺見。

首先，建議國立編譯館國民（高級）中學國文教科用書編審委員會就蒐集來的香港等地相關資料，彙印成冊，然後再分二種方式進行：

一、在各廣告媒體上刊登「歡迎索取」消息，希望熱忱的國文老師、語文教育工作者能主動索取參考，在手中握有參考資料，細心閱讀，配合自己實際教學經驗之後，才能投入參與，設計出心目中「理想國文課本內容」，而後冠以作者姓名、服務學校（機關），在一定期限內，寄回國民（高級）中學國文科教科用書編審委員。

二、把有關資料彙印成冊後，寄給各校「國文科教學研究會」轉送到國文老師手中，再由各校國文科教學研究會召集人擇期開會。手中握有參考資料，配合教學經驗，在會中各人提供意見，必然經過一番熱烈討論後，設計出「理想國文課本內容」，冠以學校全銜，在一定期限內，寄回國民（高級）中學國文科教科用書編審委員會。

用一、二方式寄回的各人、各校「理想國文課本內容」，整理完畢後，再由國民（高級）中學國文科教科用書編審委員會擇期開會，各委員宜開誠布公，絕無私心，逐一討論「理想國文課本內容」，擇錄優點，再三斟酌，研擬出「最理想國文課本內容」。這樣的「國文課本內容」將是活潑、生動、實際而全面的，絕不是往日「死氣沈沈」、「一成不變」所可比擬。

其次，建議國民（高級）中學國文教科用書編審委員會公布《國民（高級）中學國文》第一冊至第六冊課文（1.何種方式挑選各冊各課課文，較為合理？2.各冊各課之間採用何種方式編排，較為適宜？不在本文討論之範圍，故從略），加以「最理想國文課本內容」編排方式，再以優厚稿費為條件，在各廣告媒體上登載「徵文」消息，歡迎國文老師、語文教育工作者踴躍來設計各冊各課課文，在一定期限內寄回國民（高級）中學國文科教科用書編審委員會，再由該委員會開會決定，分別擇錄優秀作品，冠以作者姓名、服務學校（機關）在各冊各課上。

希望不久的將來，國民（高級）中學國文課本能以更嶄新的面貌見世，內容將是最具前瞻性的。讓我們拭目以待吧！

原載於《國文天地》第76期
民國80年9月，頁78～85

學生眼中的五柳先生

蔡　紡

陶淵明的自傳——〈五柳先生傳〉，一直被選編在國中國文課程中，文中頗多陶淵明的夫子自道，在個性方面，自云閑靜少言、不慕榮利；在嗜好方面提到好讀書，不求甚解；性嗜酒，家貧不能常得等；至於生活，則是環堵蕭然，不蔽風日，短褐穿結，簞瓢屢空……。

這篇文章安排在國中一年級課本中，文字太艱深了，與一般學生的程度有斷層。在內容意境方面，也很難讓學生了解，更別說激發他們「心嚮往之」的情懷了。雖然我們的文化裡，一直推崇著任真自得的曠遠懷抱，但那一直是人文的理想境界，只有天生異秉者得以落實而安享，一般平凡大眾少能企及，尤其是置身於競爭激烈的工商業社會，一群正是蓬勃生長迎向嶄新未來的青少年，更是無法理解了。

面對這樣的課程，老師只有帶領學生透過想像力返回陶淵明生存的時空背景去領會這樣的一個人物，在學生的腦中作最妥適的輸入，但儘管如此，我們還是不能預期學生的輸出會是什麼？

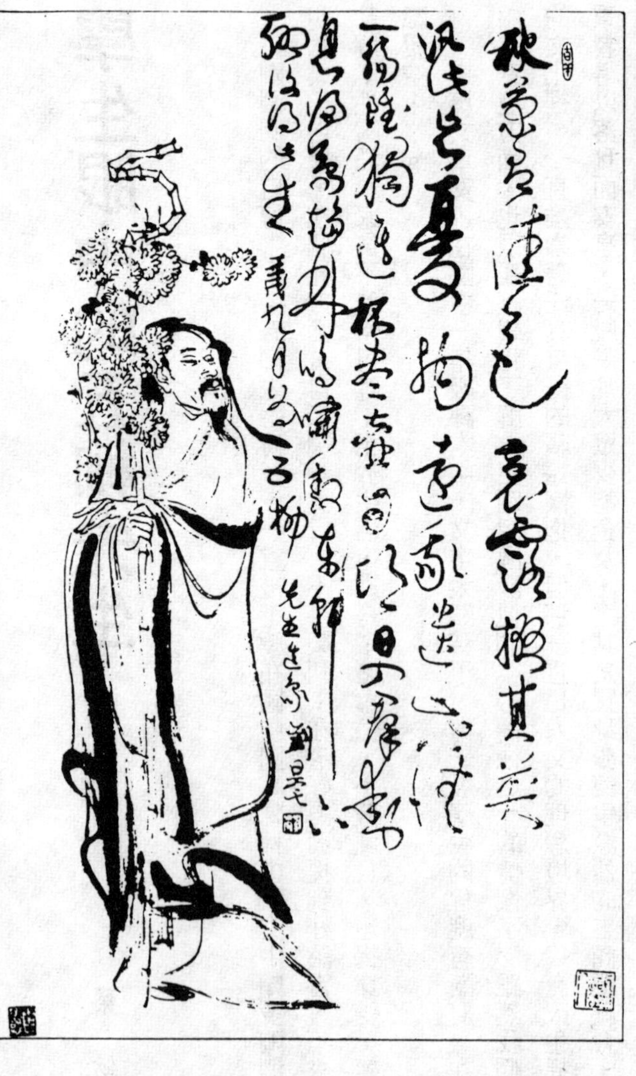

不慕榮利、任眞自得的五柳先生，在現代學子的眼中是怎樣的一個人呢？

為了得知學生對五柳先生的看法，我提出了一個自由發揮的題目：「試想像五柳先生活在目前這個社會……」讓學生能馳騁其想像力加以構想；也可以將自我的觀念投射在答案中。

在自由作答中，學生的想法真是紛繁多彩，就拿這班（國一常態班）學生所展現出來的想像力加以分析探討，依其性質分為四大類：

知己型：這類學生，較能客觀地瞭解文中所述的五柳先生，掌握他不慕榮利，任真自得的個性，給予正面的肯定，如：

如果五柳先生還在這社會上的話，我想他一定也是不想和都市人一樣的同流合污，畢竟這個社會有大多數人為了利益而表現出現實及自私的心理，因此像五柳先生這樣，想生活在上古淳樸的社會也是不可能，所以我想五柳先生如果在這社會上，他也會遠離這種文明社會，去過他的耕讀生活。（沈欣韡）

他的人生理想是積極而嚴肅的，不去追求富貴，喜歡無拘束的生活。（鄭曲媄）

如果五柳先生生在這個社會，他還是一樣不會想辦法去得到榮華富貴，他只喜歡過著無憂無慮的生活，如果每個人都能像五柳先生這樣悠閒，這個現代社會就不會有緊張的氣息。（魏秀真）

如果五柳先生是住在山上，那空氣新鮮，不像都市中的空氣一樣污濁。如果活在這個社會或許有人會幫助他，這個社會是溫暖的。（郭仙怡）

現代的社會是一個爭權奪利的社會，如果五柳先生生活在這個社會，他一定會比以前更討厭名利富貴。（吳鳳玲）

調侃型：現代的青少年對二、三十年前的臺灣社會生活已有相當大的隔閡了，更何況是陶淵明的時代！所以他們只能以目前流行的輕鬆的淺薄的方式來反應他們的看法。如：

我想五柳先生若活在現在社會，會成為國寶級的人物，受大家尊重。（劉韋麟）

一定很忙，每天忙著這個、那個，有時候說不定還上上電視，講解一些比如自己的自況什麼的。（曾淑梅）

他會變成五廈先生，而不是五柳先生。他不會簞瓢屢空，他會很自由的作詩，很有錢，他可以當一個單身貴族。（張欣旭）

如果他生活在現在的社會，那他一定會對現在的治安很生氣，他也會更貧窮，因為現在的物價實在太高了，但是以他的學問來說，他現在一定會是個大學問家。（夏至緯）

抗議型：這類型的人比較少，多屬於較早熟的女生，她們的思想已經觸及性別的差異與自我的覺醒了。如：

假如他活在現在這個社會，也許會遭人鄙棄，因他對家庭不負責任，也由於他的個性、愛好和生活，常會令人厭惡。但他的個性，或許不會捲入這個複雜的社會政治。（黃寶嬋）

如果五柳先生真活在這世界上，行為還是像書上的一樣，那他必是個乞丐，在那時的年歲他也不老，應可以去工作，但他想法消極，使他無法有上進的心理，以至於他的妻子和孩子的生活艱苦。（謝宜芬）

批判型：這類學生佔的比率最多，他們對目前社會型態已有幾分涉入，自我意識逐漸抬頭，但尚未達到客觀化去了解作者的程度，所以投入大量的自我，表現出忿怒譴責的情緒，如：

陶淵明如果生活在這樣的社會，結果一定是貧困潦倒。因為這個社會是現實的，這個工作你不做，別人還等著要做，才不管你死活。（方慧雯）

我想假如五柳先生生活在這個社會中，已不知要列入第幾級的貧戶了，況且以他的不慕榮利的個性，在這社會一定是有一餐沒一餐的，也會令人瞧不起，假如真正的他生活在這社會中，那他的日子很不好過。（林容清）

那一定比以前更落魄，有可能是無殼蝸牛，更有可能是銀行大盜，因為現在的社會，不適合這種人居住。（蘇婷婷）

五柳先生因家境貧窮，又不愛作官；愛讀書又生性愛喝酒，在別人看來是一個毫無出息的傢伙，又現在社會上任何東西都需要錢，他無收入，可能因此而搬到鄉下。（何婷莉）

五柳先生假如活在這個社會，一定會被批評。在這個沒有人情味的社會，他還是堅持理想，不願作官，我想他不餓死才怪，就連酒也沒有人請他喝。（藍瑞斌）

由以上學生的反應看來，只有知己型的學生，能夠較客觀理智地了解陶淵明先生，但希望在行為上認同仿效尚有極大的差距。至於調侃型的學生，倒是提醒我們文化社會習尚的無形力量，這種反應是時下大眾文化的典型——長於閃避問題，卻是非常討巧。

抗議型與批判型的孩子是最值得我們注意的，由於自我意識的萌芽，孩子獲得了觀察事物的角度——自我。心理學家艾瑞克遜(ERIKSON 1902~)認為青少年（十三~十五歲）的人格發展階段是自我統整，由於身心快速發展與社會壓力日增造成迷惘茫然，因而亟欲了解自己所扮演的角色，這時候若能透過課程，提供足以激發內在活力的人物典型，予以學習模仿，必能達到潛移默化的效果。

所以，在此呼籲課程編輯能顧及學生發展階段的特殊需求，在人物介紹方面，加進比較有時代精神內涵的人物，如戰勝病魔的劉俠女士、畢生奉獻於科學的居里夫人、為教育理想獻身的蔡元培、高瞻遠矚的胡適這類能夠發揮內在潛能，又能積極奉獻社會的人物，才真正具有普遍的教育意義。

原載於《國文天地》第74期
民國80年7月，頁111～113

〈愛蓮說〉的弦外之音

傅武光

〈愛蓮說〉是篇名文，許多文章選集都會選到它。早在民國四十年代的初中國文課本，以至今日的國中國文課本，都把它當範文，所以大部分人都讀過。

但歷來的文評家都從文學的層面來鑒賞它，而忽略了它在思想史上的意義。其實〈愛蓮說〉的本旨，正落在思想史的意義上，也就是說，〈愛蓮說〉的本旨，是在對抗佛教。只因為全文用的是「借喻」法——只有「喻依」而省略「喻體」和「喻詞」，本旨（喻體）隱在文字後面，反而成為弦外之音了。

首先，從中國思想史的角度來看，周濂溪（敦頤）是宋明理學的開山祖。理學的興起，是儒學的復興，也就是儒學從道家、佛家迭領風騷達七百年的氛圍中，吸收、消化醞釀而成嶄新的體質。所以宋初的理學家都能入虎穴、取虎子深入佛教，而又起來對抗佛教，提倡儒學，周濂溪就是最佳的例子。

其次，從周濂溪的著作來看，他最重要的著作是〈太極圖說〉及《通書》，內容都是講宇宙和人生的道理，由此奠定他在宋明理學上的地位。

《通書》裏有一章提到他的文學主張。了解它的文學主張，將有助於了解他寫作的態度。他的文學主張

周濂溪是宋明理學的開山祖

是什麼呢？一言以蔽之，就是「文以載道」。他說：

> 文所以載道也。……文辭，藝也；道德，實也。……不知務道德而第以文辭為能者，藝焉而已。噫！弊也久矣！

我們拿他的著作來印證他的文學主張，大體是吻合的。

根據這一點來說，〈愛蓮說〉自然別有「立意」而值得推敲，並不是「為藝術而藝術」地「自娛」一番而已。

朱熹〈書愛蓮說後〉說：「先生嘗以『愛蓮』名其居之堂而為是說以刻焉。」據此可知，周濂溪是先給自己的居室取名為「愛蓮」，然後才作〈愛蓮說〉來說明為什麼取名為「愛蓮」的。

周濂溪到底為什麼偏偏「愛蓮」呢？〈愛蓮說〉中說得很明白了，那是因為蓮花「出淤泥而不染，濯清漣而不妖，中通外直，不蔓不枝，香遠益清，亭亭淨植，可遠觀而不可褻玩焉。」總之，她是「花之君子者也」。

但，我們要問的是，周濂溪為什麼要把居室取名為「愛蓮」呢？這個問題的答案就應該有兩個層次：第一個層次先要說明在眾多物類之中何以獨喜歡花？第二個層次才是要說明在眾多的花類之中何以獨愛蓮花？而周濂溪之「說」只說明了第二個層次的理由，而忽略了第一個層次的理由。顯然當他為居室取名的時候，沒有第一個層次的問題。這反映出他心中只有蓮，而不作他想。

為什麼蓮的印象在他心中烙得這麼深？這是問題的關鍵所在。

原來濂溪那個時代觸目是蓮，人人愛蓮——蓮，是佛教的象徵。

佛家以蓮代表淨土、代表居所；諸佛以蓮花為座牀，稱蓮座。又以蓮子作數珠；以蓮花喻妙法，有所謂「蓮華三喻」。總之，蓮象徵佛教。

這樣說來，濂溪「愛蓮」，豈不等於「愛佛」嗎？不，恰好相反。他感慨地說：「蓮之愛，同予者何人？」愛「蓮」的人其實很多，可是要找到跟我一樣，把蓮看作是君子，而不看作是淨土或妙法的，又有幾個呢？

很明顯的，濂溪把佛門的蓮轉化為儒門的蓮。儒門的蓮是怎麼樣的呢？

「出淤泥而不染」，是在濁世中而潔其身；在逆境中而勵其志；在現實生活中成就聖賢。不必出家，不須剃度。

「濯清漣而不妖」，是在良好的環境中，而不侈靡；條件優渥，但不驕矜。

「中通外直」，是胸懷曠達而言行正直。

「不蔓不枝」，是不偏不邪，行不由徑。

「香遠益清」，是君子之德，闇然而日影；君子之交，淡然其若水。

「亭亭淨植」，是挺拔剛正，不屈不撓。「可遠觀而不可褻玩焉」，是應互相敬重，而不可狎暱。因為沒有敬重的愛，只是把對方當玩物而已。

這，不是「花之君子者」嗎？

孔子也曾經想避世，可是「鳥獸不可與同羣」，他還是眷懷蒼生，說：「吾非斯人之徒與而誰與？」孟子也說：「如欲平治天下，當今之世，舍我其誰！」孔孟為什麼這樣的自信？這樣勇於承擔？因為他們自承有四端之心，我欲仁，斯仁至矣。憑此便足以超世拔俗，頂天立地，而不致隨波逐流，自我陷溺。所謂「出淤泥而不染」，這原是孔孟的精神啊！怎麼禪宗的《六祖壇經》也說起「若能鑽木取火，淤泥定生紅蓮」的話來了呢？周濂溪一眼就看出儒家這個「正字標記」被仿效了。所以才做這篇〈愛蓮說〉明辨本源，以對抗佛教。這才是〈愛蓮說〉的本旨啊！

原載於《國文天地》第48期
民國78年5月，頁106～107

假使〈愛蓮說〉這樣教

林素蘭

多年來，貴刊對國文科教學新方法的推展，可謂不遺餘力，凡經常（或長期）閱讀貴刊的讀者，除了能從閱讀中汲取前人的教學經驗之外，對貴刊所做的努力，必當像我一樣，心存感動與感激（現今社會，能有人主動關心國文教學，的確是難能可貴，更教老師們感激涕零）。

我本身在學校指導學生製播廣播節目，還兼一班國文課。工作的關係，我便試著將國文教材，編寫成各類廣播節目，例如將〈廉恥〉、〈早起〉、〈理信與迷信〉、〈敬業與樂業〉編寫成公益廣告；將〈愛蓮說〉、〈桃花源記〉等編寫成綜藝節目；將〈差不多先生〉、〈勤訓〉編成相聲；將〈自由與放縱〉編成廣播劇；將梅花的精神、特色，編成鼓詞，藉以引發學生學習〈梅花嶺記〉的興趣，並加深其印象……

這本是個人的興趣及小小的嘗試，不敢公開發表，但因部分教材在實施這樣的嘗試後，確實能激發學生的學習興趣，活潑教學的氣氛，故特別提出與大家交換心得。然有關國文教材如何廣播節目化，所牽涉的方法及理論甚多，受限於字數，無法說明，僅將〈愛蓮說〉改編成綜藝節目的文稿部分提出，供大家參考，或許藉由此種方式，集合更多人的智慧，我們可以將更多的國文教材，編成更多、更好、更理想的廣播節目，在學校中推展，使學生受益更多！

音樂

主持人：全世界約有二十五萬種不同的花，每一種花的花形、花色跟大小都不相同。小的花，小到要用顯微鏡才能看得清楚；大的花有的直徑一公尺。各色各樣、美艷不一的花，您喜歡那一種？請四位同學分別說說自己喜歡的花……

竹板聲漸入，一小段後，開始數來寶：

這個說蓮花，道蓮花，別名最多的是蓮花。叫芙蕖，叫荷花，又稱芙蓉和水芒，也叫水華和藕花，別名七、八個，指的都是這碧野香波中的君子花。

蓮花美，蓮花香，一到夏季花滿塘。蓮葉田田圓又大，骨架有刺細又長，迎風挺立一副君子相，傲然直立在水塘。包裹食物人人喜，晴天高舉又可遮太陽。雨天荷葉又能遮雨是現成的傘。荷花含苞待放荷葉又有淡淡的香。荷葉粥、荷包飯，哪樣不是表裡透香，還有那荷葉粉蒸排骨肉，吃來叫人神清氣爽齒頰也留香。

這個五月裡，開蓮花，有白花來也有粉紅的花，污泥不染它本性佳，淡雅幽淨是人人誇。蓮花謝了蓮蓬長，蓬裡的蓮子和珍珠一個樣。苦口的蓮心能降火，蓮子燉粥噴鼻兒香。泥裡的蓮根叫蓮藕，藕能清火又潤喉。蓮藕食譜樣數多，每樣都好吃，滋補又爽口，您哪每天多吃藕，保您延年益壽的活到九十九。

眾佛都把蓮花當神品，極樂世界蓮香更是處處聞。亭亭傲立水中蓮，池沼亭檻展容顏，文人雅士齊頌讚，濂溪愛蓮大作古今傳來古今傳。

音樂

報幕：〈愛蓮說〉　周敦頤的作品

音樂

王更生教授美讀〈愛蓮說〉課文：

水陸草木之花，可愛者甚蕃：晉陶淵明獨愛菊。自李唐來，世人盛愛牡丹。予獨愛蓮之出淤泥而不染，濯清漣而不妖；中通外直，不蔓不枝；香遠益清，亭亭淨植，可遠觀而不可褻玩焉。予謂：菊，花之隱逸者也；牡丹，花之富貴者也；蓮，花之君子者也。噫！菊之愛，陶後鮮有聞。蓮之愛，同予者何人？牡丹之愛，宜乎眾矣。

音樂

王熙元教授評析〈愛蓮說〉課文：

〈愛蓮說〉是用文言文寫的小品文，這篇文章的重點是把蓮花這種花，從各種花中凸顯出它的精神及生命的純潔。作者一開始便說：「世間花草很多，可愛的也很多，陶淵明喜歡菊花，唐朝人喜歡牡丹，他自己最愛的是蓮花。接著他說明自己喜歡蓮花的原因，這些原因實際上也就是蓮花的特色，其中第一點就是蓮花不受壞環境的影響，也就是出淤泥而不染。第二是當它脫離泥土之後，到了清水這一層，它又能濯清漣而不妖；換句話說，污染的環境污染不了它，清白的環境也不會使它變得妖媚。第三是中通外直，不蔓不枝；蓮花的這種性格，這種生命的形象，周敦頤是相當崇敬、相當喜愛的。第四是香遠益清，亭亭淨植。然後把這段做個小結，說蓮花可遠觀而不可褻玩。這些都是在凸顯蓮花的優點。下半段，他歸納說：菊是花中隱士，牡丹是富貴人家，蓮花是花中君子。這就告訴了我們，作者是愛君子的。從中國古書上，我們不難發現，我國歷代的古人，都是從人生的角度來看大自然、看山水、草木。例如孔子就看到：「逝者如斯夫，不舍晝夜」、「歲寒然後知松柏之後凋也」，中國的古人，一向把人以外的山水、草木，看做是有生命、有性格的。周敦頤就把蓮花看作是出淤泥而不染，濯清漣而不妖的性格。所以，他最後感嘆陶淵明之後，很少有人再偏愛菊花，不曉得還有沒有人跟我一樣愛好蓮花，至於牡丹的愛好者，那可就多了。換句話說，牡丹代表了世俗追求富貴、豔麗的態度，而作者所愛的則是像蓮花那樣清純、潔白、素淨的風格。這一風格正象徵君子的處世態度。中國的文學作品，常與我們的人生、我們的生活態度、人生哲理，有密切的相關性。周敦頤本身是理學家、道學家，也是思想家、哲學家，從哲學家的眼中，他看出蓮花的生命、蓮花的精神。中國的文學家、藝術家，著作、繪畫都喜歡從風格高尚的植物中取材，例如「四君子」、「歲寒三友」等，這正反映出中國文化的特色，及中國人的性格特色。因此，這篇文章對青少年朋友來說，具有很好的啟發。

音樂

女生美讀漢樂府〈江南〉詩：

江南可採蓮，蓮葉何田田。
魚戲蓮葉間，魚戲蓮葉東，
魚戲蓮葉西，魚戲蓮葉南，
魚戲蓮葉北。

主持人：這是漢樂府中的〈江南〉詩，是一首描寫江南水鄉蓮塘景致的詩，文字淺白質樸，據說是一首有趣的歌謠。漢朝的人怎麼唱？我們無從聽到，也無從查考，但有興趣的話，您倒不妨替它譜上合適的曲調唱一唱，那麼，這首最先以江南為背景來描寫蓮花的詩，便有可能因您的譜曲，而成名實相符的歌謠了。

蔡肇祺作曲，黃麗惠獨唱李商隱〈暮秋獨遊曲江〉：

荷葉生時春恨生，荷葉枯時秋恨成；
深知身在情長在，悵望江頭江水聲。

主持人：唐朝詩人李商隱的這首短詩，是仿效民間歌謠所創作的作品。作品以荷花的「開」跟「落」，來說明離別也跟花開花落一樣，是很尋常的事。但是對有生命、有感情的人來說，卻很難掙脫情感的牽絆。因此，作者在最後只得無奈的說：只要身在、情在，那麼離恨永難消。只有惆悵的望著江邊永無休止的江水。

古箏流水聲

主持人：除了漢樂府〈江南〉詩，李商隱的〈暮秋獨遊曲江〉，其他像曹植、江淹、昭明太子、王勃、李白、王維、白居易、王安石、蘇東坡等，也都有讚誦蓮花的詩，傳之後世。而古文八大家之一的歐陽修，則既作〈荷花賦〉，又寫〈詠蓮花〉詞，歐陽修愛蓮的程度，並不亞於周敦頤。除了文人雅士歌詠蓮花之外，我國畫蓮的名家，更是不可勝數，王冕、徐渭、石濤、齊白石、張大千、張杰等，都是一時的畫荷能手。

歌曲〈採蓮謠〉：

夕陽斜，晚風飄，大家來唱採蓮謠。
紅花豔，白花嬌，撲面春風暑氣消。
你划槳，我撐篙，撥破浮萍過小橋。

船行快，歌聲高，採得蓮花樂陶陶。

主持人：這首旋律輕快悠揚、充滿喜悅之情的歌曲，便是大家幾乎都會唱的〈採蓮謠〉。曲子描寫江南水鄉蓮花池的景色，人們在黃昏涼爽的天候下，駕著小船，三五成群去採蓮的情景。

竹板聲漸入，重複前引數來寶一小段：這個說蓮花，道蓮花，別名最多的是蓮花。……（聲音漸小）

主持人：蓮花落是我國歷史悠久的民間說唱，大約有七、八百年的歷史，說唱名家田士林教授說（下接訪問錄音）：「一般人都喜歡看武俠小說，小說中往往出現許多的幫、派，丐幫是最常出現的幫派，這個丐幫他們還有所謂的幫歌，幫歌就是我們現在所說的蓮花落。換句話說，蓮花落實際上就是從前乞丐所唱的歌。蓮花落未必都是唱的，但在唐代，蓮花落剛開始的時候，它是用唱的，當時是用來在佛像蓮花寶座前演唱，所以又叫蓮花樂、蓮花鬧，或落子。這種原先由和尚在佛寺進行佛經俗講，或喪祭時編成詞曲，述說人生悲歡轉眼成空，勸人不必太心酸、難過的說唱，後來逐漸因叫化子經常參與喪禮助唱，而讓乞兒完全承襲了去，乞丐為了生計，又以打竹板配合演唱，沿門乞討，於是蓮花落便成了乞兒歌。現在，蓮花落已經衰落了，但是從它所衍生出來的鐵板快書、木板快書、評戲等，卻在各地逐漸風行起來。

音樂：三弦在說書

女生輕聲吟誦李白〈紅蕖〉詩：

涉江翫秋水，愛此荷花鮮，攀荷弄其珠，蕩漾不成圓。……

主持人：各位朋友，您是否曾經像詩仙李白那樣涉江玩水，攀荷弄珠？您是否欣賞過名家所畫的荷花圖？您吃過冰糖蓮子、荷葉包飯嗎？您或者小時候過中元節，提過只玩一天、隔天就扔的蓮花燈吧？我想您一定看過手執白蓮、渡四海、普眾生、慈眉善目的觀自在菩薩的法相！蓮，不僅在中國特別受歡迎，其他的民族也一樣喜愛它，如埃及就以它為國花。在印度，「蓮之女神」象徵創造與神聖，而希臘直到今天，還流傳著食蓮人，吃下大量的蓮子，或喝下蓮子酒，便能過著像神仙一樣快樂的日子的傳說。

音樂

主持人：蓮，令人淡，令人淨，令人能忘卻凡間一切俗事。不停忙碌的朋友，請暫時拋下手邊的煩瑣，跟著我，一起去看蓮、賞蓮，一起進入清操自守的蓮的世界。你聽！那兒又響起了採蓮的歌聲。

弘一大師「李叔同」歌曲集〈採蓮〉

（歌聲由小漸大，約唱完三、四句後，歌聲轉小，慢慢結束。）

關於本節目的說明：

一、主持人可以是學生，可以是老師。

二、數來寶的部分最好訓練學生數，孩子們的興趣會很高的。

三、王更生教授美讀〈愛蓮說〉的有聲卡帶，書局有售。

四、王熙元教授的評析，是在師大所做的錄音。

五、女生美讀漢樂府〈江南〉詩及李白〈紅蕖〉詩，亦可由主持人擔任。

六、黃麗惠獨唱，蔡肇祺作曲，李商隱的〈暮秋獨遊曲江〉，為中華民國意識科學研究會所出版。

七、田士林教授介紹蓮花落，是在世界新聞傳播學院所做的錄音訪問。

八、有關〈採蓮謠〉、〈採蓮〉等相關的音樂帶，一段唱片行均可購得。

編者按：本教學方法已由作者錄製成卡帶，A面為〈愛蓮說〉，B面為〈桃花源記〉，讀者如需索取，請寄六十分鐘的空白卡帶，並附回郵，由本社代轉。名額限定二十名。

原載於《國文天地》第81期
民國81年2月，頁91～94

談詞章剪裁的手段

——以周敦頤〈愛蓮說〉與賈誼〈過秦論〉為例

陳滿銘

所謂的剪裁，是將詞章的意思材料下一番精選，以作具體表達的工夫。通常，一個作者在自己平日所儲存的思想材料庫裡，搜尋到一個意思，決定在詞章上作或詳或略的表達，如要表達得詳盡，既不會使人嫌其多餘；就是表達得簡略，也不會使人嫌其不足，真正地做到「增之一分則太長，減之一分則太短」（宋玉〈登徒子好色賦〉）的地步，這得全看他剪裁的手段。如《三國志》敘述劉備三訪諸葛亮，只用「凡三往乃見」五字，諸葛亮〈出師表〉也只用了「三顧臣於茅廬之中」八字，而《三國演義》卻寫了好幾千字，它們也都各盡其分，充分地滿足了讀者的要求。因此「有的文章，作者可以多說，也可以少說；多說不嫌其繁蕪，少說不嫌其不足；也可以這樣說，也可以那樣說」（黃師錦鋐《中學國文教材教法》第三章），這不但是每個作家在創作時所應注意的，就是教師在教學時也不應忽略的。茲單就教學上，舉兩篇課文為例，作簡略的說明。

首先是周敦頤的〈愛蓮說〉，此文就整體來說，是用簡筆寫成的。它由「敘」與「論」兩段所組成，在「敘」的一段裡，作者採先總括、後條分的形式來組合思想材料。「總括」的部分是：

（水陸草木之花，可愛者甚蕃。）

在這裡，作者簡單地提明了世上有許多「水陸草木之花」的事實，以作為總冒。「條分」的部分是：

晉陶淵明獨愛菊。自李唐來，世人盛愛牡丹。予獨愛蓮之出淤泥而不染，濯清漣而不妖；中通外直，不蔓不枝；香遠益清，亭亭淨植，可遠觀而不可褻玩焉。

作者在這兒，從眾多的「草木之花」中挑選了三種：首先是菊，其次是牡丹，最後是蓮；其中前兩者為「賓」，後者為「主」。作者所以挑選菊與牡丹（賓）來襯托蓮（主），是因為它們足以象徵「隱逸者」與「富貴者」，而這是世人皆知的，所以作者僅僅簡述其事實，卻不說明理由。至於蓮，作者是特地要用它來象徵「君子」的，而這點，正屬作者個人的看法，非作進一步的說明不可，因此作者特用「出淤泥而不染」七句，寫出蓮花與眾不同的特質藉以象徵君子高潔的品格，為下段「蓮，花之君子者也」的一句論斷，預作充分的鋪墊。或許有人要問：可以象徵君子的「草木之花」不只是蓮而已，為什麼周敦頤偏偏會選上蓮呢？關於這一點，傅武光教授在其〈愛蓮說的弦外之音〉一文（見《國文天地》4卷12期）中說：

> 濂溪那個時代觸目是蓮，人人愛蓮——蓮，是佛教的象徵。佛家以蓮代表淨土，代表居所；諸佛以蓮花為座床，稱蓮座。又以蓮子作數珠；以蓮花喻妙法，有所謂「蓮花三喻」。總之，蓮象徵佛教。這樣說來，濂溪「愛蓮」，豈不等於「愛佛」嗎？不，恰好相反。他感慨地說：「蓮之愛，同予者何人？」愛「蓮」的人其實很多，可是要找到跟我一樣，把蓮看作是君子，而不看作是淨土或妙法的，又有幾個呢？所謂「出淤泥而不染」，這原是孔孟的精神啊！怎麼禪宗的《六祖壇經》也說起「若能鑽木取火，淤泥定生紅蓮」的話來了呢？周濂溪一眼就看出儒家這個「正字標記」被仿效。所以才做這篇〈愛蓮說〉明辨本源，以對抗佛教。這才是〈愛蓮說〉的本旨啊！

傅教授的看法，是相當正確的。從這裡，不僅可以窺見周敦頤寫這篇文章的真正用意，也足以看出他在選材上異於常倫的眼力來。

看完了「敘」的一段，再來看「論」的一段。這一段是這樣寫的：

予謂：菊，花之隱逸者也；牡丹，花之富貴者也；蓮，花之君子者也。噫！菊之愛，陶後鮮有聞。蓮之愛，同予者何人？牡丹之愛，宜乎衆矣。

在此，作者先就菊、牡丹與蓮等三種「草木之花」的品格加以衡定，然後論及愛這三種花的人，發出感慨，暗寓諷喻的意思作收。就在衡定花品的一節裡，敘述三種花的次序，完全和首段相同，是由「賓」而「主」，是按照著時代的先後加以排列的；而在論及人物的一節裡，卻將牡丹和蓮的次序加以對調。作者作了如此的調整，顯然對當代人但知追求富貴，而缺乏道德理想的情形，是有著貶責的意思的。

在這篇文章裡，作者只用了一百多字而已，卻已充分地表達了他的意思，這就是「少說不嫌其不足」的最佳例子。

其次是賈誼的〈過秦論〉，它就全篇而言，是用繁筆寫成的。它和上舉的〈愛蓮說〉一樣，也是由「敘」與「論」兩個部分所組成。在「敘」的部分裡，作者用了前面的三段來敘秦國的強大，第四段來敘秦國的敗亡。其中第一段，用以寫「秦強之初」：

秦孝公據殽函之固，擁雍州之地，君臣固守，以窺周室；有席卷天下，包舉宇

> 內，囊括四海之意，并吞八荒之心。當是時也，商君佐之，內立法度，務耕織，修守戰之具，外連衡而鬥諸侯。於是秦人拱手而取西河之外。

在這裡，作者先以「秦孝公據殽函之固」至「并吞八荒之心」等句，敘秦并吞天下的野心；再以「當是時也」至「外連衡而鬥諸侯」等句，敘秦并吞天下的措施；然後以「於是秦人拱手而取西河之外」一句，敘秦并吞天下的成果，很簡約地從正面來寫「秦強之初」。本來要敘明秦孝公時商鞅變法與并吞六國的成果，是用幾千，甚至幾萬字，都不為過的，但作者在這裡所看重的，只在於簡略的事實，而非其內容與過程，因此只用了幾句話來交代而已。而在敘并吞天下的野心時，則一連用了「席卷天下」等句意相同的四句話，這顯然是因為要特別強調秦國君臣有并吞天下的強烈意願，這樣當然要比一句帶過好得很多。所謂「可以多說，也可以少說」的道理，可以從這裡約略體會出來。

它的第二段，作者是用以敘「秦強之漸」的：

> 孝公既沒，惠文、武、昭襄，蒙故業，因遺策，南取漢中，西舉巴蜀，東割膏腴之地，北收要害之郡。諸侯恐懼，會盟而謀弱秦，不愛珍器重寶肥饒之地，以致天下之士，合從締交，相與為一。當此之時，齊有孟嘗，趙有平原，楚有春申，魏有信陵；此四君者，皆明智而忠信，寬厚而愛人，尊賢重士，約從離

橫，兼韓、魏、燕、趙、齊、楚、宋、衛、中山之衆。於是六國之士，有寧越、徐尚、蘇秦、杜赫之屬為之謀；齊明、周最、陳軫、召滑、樓緩、翟景、蘇厲、樂毅之徒通其意；吳起、孫臏、帶陀、兒良、王廖、田忌、廉頗、趙奢之倫制其兵。嘗以十倍之地，百萬之衆，叩關而攻秦。秦人開關延敵，九國之師，逡巡遁逃而不敢進。秦無亡矢遺鏃之費，而天下諸侯已困矣。於是從散約解，爭割地而賂秦。秦有餘力而制其敝，追亡逐北，伏尸百萬，流血漂櫓；因利乘便，宰割天下，分裂河山，強國請服，弱國入朝。施及孝文王、莊襄王，享國日淺，國家無事。

作者在這一段裡，先以「孝公既沒」至「北收要害之郡」等句，承首段，簡敘在惠文、武、昭襄時「秦謀六國」的措施與成果；再以「諸侯恐懼」至「叩關而攻秦」等句，繁敘「六國抗秦」的策略、人力與行動，其中又特別著重在人力上，分賢相、兵衆、謀士、使臣、將帥等方面，加以詳細的介紹；然後以「秦人開關延敵」至段末「國家無事」等句，綜合上兩節，敘明「秦謀六國」與「六國抗秦」的結果，並簡略地交代孝文王、莊襄王時事。

總括起來看，這一段文字是用繁筆寫成的。作者在此，儘量避開正面，從側面下手，用了許多材料來介紹六國之強大，這無非是為了替末段「比權量力」的部分，預先提供足夠的材料，作為立論的憑據，而作者卻沒有讓「喧賓」奪「主」，特地用「秦人開關延敵，九國之師，逡巡遁逃而不敢進」等句，輕輕一轉，成功地將六國之強轉為秦國之強，這種剪裁與安排的手段，是十分高明的。

它的第三段，作者用以敘「秦強之最」：

> 及至始皇，奮六世之餘烈，振長策而馭宇內，吞二周而亡諸侯，履至尊而制六合，執捶拊以鞭笞天下，威振四海。南取百越之地，以為桂林、象郡；百越之君，俛首係頸，委命下吏；乃使蒙恬北築長城而守藩籬，卻匈奴七百餘里；胡人不敢南下而牧馬，士不敢彎弓而報怨。於是廢先王之道，燔百家之言，以愚黔首；隳名城，殺豪俊，收天下之兵，聚之咸陽，銷鋒鍉，鑄以為金人十二，以弱天下之民。然後踐華為城，因河為池，據億丈之城，臨不測之谿以為固。良將勁弩，守要害之處；信臣精卒，陳利兵而誰何？天下已定，始皇之心，自以為關中之固，金城千里，子孫帝王萬世之業也。

在這段文字裡，作者先以「及至始皇」至「委命下吏」等句，寫「秦亡諸侯」；再以「乃使蒙恬北築長城而守藩籬」至「以弱天下之民」等句，寫「秦弱天下」；然後以

「然後踐華為城」至段末「子孫帝王萬世之業也」等句，寫「秦守要害」。可以說完全捨去了秦亡六國的實際過程，卻不厭其煩地針對著篇末「仁義不施」四字來取材，換句話說，如果作者在這一段不安排這些材料，是得不出「仁義不施」的結論來的。

它的第四段，作者用以敘「秦亡之速」：

始皇既沒，餘威震於殊俗。然而陳涉，甕牖繩樞之子，甿隸之人，而遷徙之徒也，才能不及中人，非有仲尼、墨翟之賢，陶朱、猗頓之富，躡足行伍之間，倔起阡陌之中，率罷散之卒，將數百之衆，轉而攻秦；斬木為兵，揭竿為旗，天下雲集而響應，贏糧而景從。山東豪俊，遂並起而亡秦族矣。

這一段是用簡筆寫成的。作者在此，先寫「陳涉首義」，再寫「豪傑並起而亡秦」。就在寫「陳涉首義」的部分裡，特殊強調陳涉不值一顧的地位、才能與武器，這顯然也是預為末段的「比權量力」提供材料。不然，這一段可以寫得更短，與前四段之「強」作成更強烈之對比，以強化「強」之難、「亡」之易的意思。

「論」的部分，僅一段，即末段：

且夫天下非小弱也，雍州之地，殽函之固，自若也；陳涉之位，非尊於齊、楚、燕、趙、韓、魏、宋、衛、中山之君也；鋤櫌棘矜，非銛於鉤戟長鎩也；謫戍之衆，非抗於九國之師也；深謀遠慮，行軍用兵之道，非及曩時之士也；然而成敗異變，功業相反也。試使山東之國，與陳涉度長絜大，比權量力，則不可同年而語矣；然秦以區區之地，致萬乘之權，招八州而朝同列，百有餘年矣；然後以六合為家，殽函為宮，一夫作難而七廟隳，身死人手，為天下笑者，何也？仁義不施，而攻守之勢異也。

作者在此，先以「且夫天下非小弱也」至「非及曩時之士也」等句，利用第一、二、四等段所提供的材料，將秦、六國與陳涉「比權量力」一番，認為六國該勝秦、秦該勝陳涉；再以「然而成敗異變」至「何也」等句，提出結果卻正相反，即秦勝六國、陳涉勝秦；然後以此作一提問，利用第一、二（攻）、三（守——仁義不施的事實）、四（守——仁義不施的結果）等段的材料，逼出一篇的主旨「仁義不施而攻守之勢異也」十一字，以收束全篇。

這篇文章，如就各段來看，雖有繁有簡，而繁中又有簡、簡中又有繁，但以整篇而論，是採繁筆寫成的，所謂「多說不嫌其繁蕪」，就是這個意思。

由以上簡略的論述中，可以看出剪裁在詞章創作與欣賞上的重要性。如果我們能在上課時，針對課文的剪裁手段，略作提示，相信對學生讀寫能力的提高，是會有一些幫助的。

原載於《國文天地》第101期
民國82年10月，頁62～66

王冕在那裡隱居？

陳侃章

自吳敬梓《儒林外史》將王冕著意渲染後，多少失去了王冕本來面目，然其聲名益發遠播。到了他的晚年，也就是元至正十四年（公元一三五四年），這位傑出的詩人、畫家，扶母挈婦將雛，舉家隱居九里山。在九里山中，王冕——

「種豆三畝，粟倍之，樹梅花千，桃杏居其半，芋一區，薤韭各百本。引水為池，種樹千餘頭，結茅廬三間，自題梅花屋。」（見宋濂《竹齋詩集》附〈王冕傳〉）

自耕織，居桃源，其樂融融也。就王冕所存詩作、繪畫成就看，歸隱九里山是一個重要轉折階段，他傳世的許多詩和畫都作於九里山中，在山中他又接待了許多名士顯宦，遺詩鬻畫，縱論古今，直至以終。可以說王冕是欲「隱」彌彰，隱而仍顯。那麼這座以名士而昭著竹帛的山究竟在何處呢？這山自明而降就歧說紛陳，茲將各家之說約略介紹。

諸暨九里山。清《國朝三修諸暨縣志》卷四十二云：「王元章故宅在九里山麓，高士王冕自五十都郝山村隱居於此。」北京大學吳小如先生在一九八五年《文史知識》第三期所撰〈元末詩人畫家王冕〉中也持此說。

山陰九里山。浙江文藝出版社一九八四年張堃《王冕詩選》執如是說。書末所附論文〈談談關於王冕的評價問題〉對此著墨不少。在前言和注釋中再次點明：「九里山以距紹興城九里而得名。」

王冕於九里山中，遺詩鬻畫，縱論古今，直至以終。

餘姚九里山。清雍正《浙江通志》卷四十五引明弘治《紹興府志》曰：「（王）

冕，諸暨人，隱餘姚九里山。」

會稽九里山。《簡明不列顛百科全書》第八冊王冕條云：「知天下將亂，歸隱會稽（今浙江紹興）九里山，種田、灌園、賣畫為生。」

江蘇銅山縣九里山。王冕從京城回故里諸暨後，未幾就到銅山縣九里山隱居。中國青年出版社《歷代詩歌選》就持這種說法。

也有學者一時難以確定九里山在何處，便據顧瑛所作《王冕小傳》推理，誤九里山成若耶山。如臺灣學者嵇若昕先生就有這種徬徨心理。他的專著〈王冕與墨梅畫的發展〉，對王冕生卒年、官職和墨梅畫成就以及所存畫作之考證，資料翔實，分析允當，然關於王冕隱居地則誤。他說：

> 「徐顯的《稗史集傳》云，『擇會稽山九里買山一頃許』。這是說王冕離會稽山九里，買山一頃許？還是在會稽境內有一山名九里，買山坡地一頃許？……九里山可能是若耶山，而若耶山為會稽山中之一峰，去城四十五里。不過可了解的是：王冕在若耶山中，瀕若耶溪買宅隱居，若耶山離最近市鎮也有九里之遙，因里數不一致，故王冕隱居地並非距紹興府城九里。」①

嵇先生由於未臨實地，和未見到其他一些資料，筆下不甚踏實。當然無論是紹興九里山、諸暨九里山，抑或若耶山，均屬會稽山脈，這肯定是不錯的，但以橫亙整個浙東的山脈概之畢竟太籠統了。

筆者參閱各家之說，走訪了王冕族裔，並實地踏勘了九里山，試辯析之。

會稽九里山——如果這會稽是狹義上的會稽縣的話，那末這種說法首先就可以排除，因為會稽縣在歷史和現實上（一九一二年與山陰合併成紹興縣），都沒有九里山的山名，無疑，這裏所說會稽是指會稽郡而言，因為諸暨、山陰、餘姚均為該郡（府）屬縣（南宋已稱紹興府，元代又稱紹興路，然時人多用郡望，如王冕常自稱「會稽煮石山農」）。說王冕隱居會稽九里山只能從這個意義上理解。但《簡明不列顛百科全書》所撰王冕條似乎從狹義的會稽縣上解釋，否則怎會在括號內注上「今浙江紹興」而不落入到慣例所指的縣一級呢？

餘姚九里山資深望重，宋《嘉泰會稽志》列有條目：「九里山在縣東九里」；江蘇銅山縣九里山就更加悠久顯赫，傳為項羽和劉邦激戰之地。然這兩座山均不可能為元代會稽王冕所隱居。無論是《明史》、《明實錄》、《保越錄》以及元、明、清徐顯、張辰、宋濂、朱彝尊等所作〈王冕傳〉，幾乎都載及明將胡大海下婺州（今金華），北上諸暨，再徑諸暨東攻紹興時，王冕始出山入「塵」的，儘管各傳對王冕出山原因，是否接受過咨議參軍職及死亡年月有左，但自胡大海軍到諸暨後，王冕再出山則是沒有分歧的。餘姚與諸暨相隔山陰、會稽、上虞三縣，地處上虞東面，毗鄞縣之地，如王冕隱居在那裏，胡大海軍不可能跨越地，穿敵陣去得到他。至於江蘇銅山縣九里山更遠隔千山萬水了。

問題的關鍵是搞清山陰縣（今紹興縣）和諸暨縣九里山兩說的是非真假。

持山陰九里山說認為，山陰九里山北宋《越州圖經》就出現，南宋《嘉泰會稽志》再次載及，至正十九年（公元一三五九年）胡大海下諸暨，攻紹興，就是把王冕從九里山擡至山陰天章寺的，天不假壽，使王冕壯志未酬，隨即病卒於此，胡大海厚葬王冕於山陰蘭亭。張堃先生是這種說法的代表，為證明觀點成立，他在《王冕詩選》附錄中列出胡大海軍得王冕線路，說胡軍「其中一路出街亭、象路、日鑄嶺（前屬諸暨，筆者注，下同），平水（紹興）至九里山」②，王冕為胡大海軍所執。與此同時，又用王冕〈山中雜興〉詩佐證：「去城懸九里，夾地出雙溪」，說明九里山距城九里，而今紹興九里山距府城九里左右，諸暨九里山距縣城達五十里左右。所以王冕隱居在紹興九里山是成立的。

其實這是不熟當地地形，望文生義之故。王冕隱居之九里山實實在在是諸暨縣境內。

首先從朱元璋軍胡大海部攻佔紹興城時間和線路看。《明太祖實錄》云：「己亥（至正十九年，公元一三五九年）春正月，上既撫定寧越（按至正十八年十二月，朱元璋取婺州，改寧越府，今金華），遂欲取浙東。庚申，命胡大海取諸暨，下之，改諸暨為（諸）全州，仍命胡大海攻紹興。」這就說明胡大海軍從金華率部攻佔諸暨，再從諸

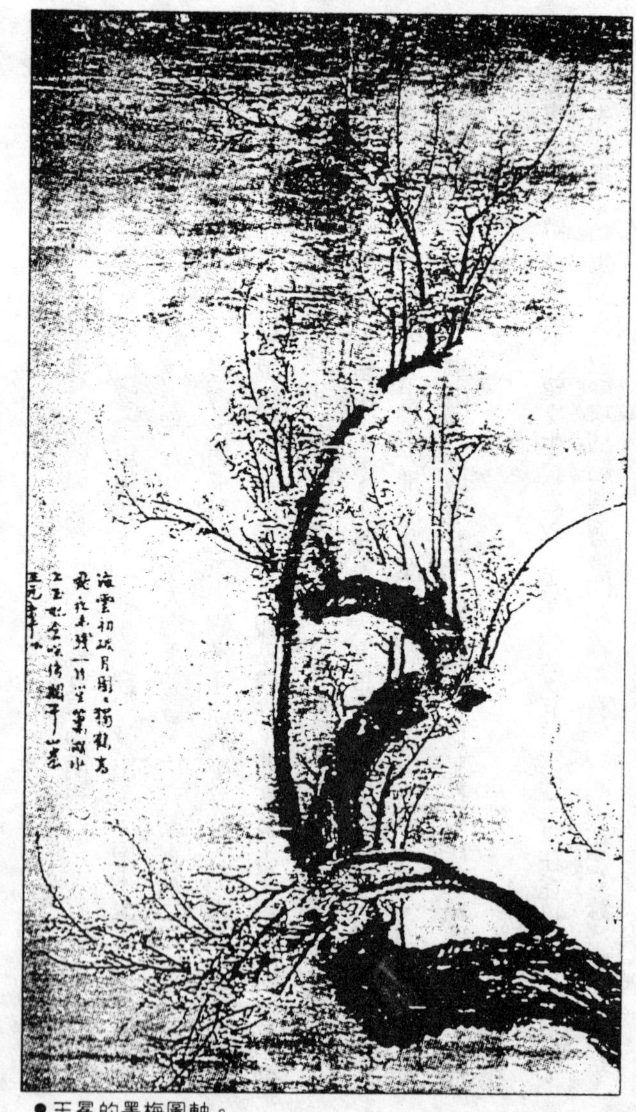

●王冕的墨梅圖軸。

暨出發東向進攻紹興，進軍方向自南而北，漸次推進。在這裏，進軍的方向很重要，有必要贅述下三地方位。金華在諸暨南部，而紹興座落於諸暨東北部，胡大海軍下諸暨縣城，攻紹興府城時，屯兵於兩地之間九里山麓，屯兵之地稱營盤。《國朝三修諸暨縣志》卷十云：「營盤，明胡大海屯兵處，地近九里，宋濂〈王元章傳〉謂屯兵九里，即今之營盤也。」王冕友人，同鄉張辰所作〈王元章傳〉對此說得頗為清楚：明師至九里，

> 「歲己亥（公元一三五九年），君方晝臥，適寇入，君大呼，我王元章也。寇大驚，素重其名，舁至天章寺，……大帥置君上坐，再拜請事。君曰：今四海鼎沸……大帥再拜願受教，君終不言。明日疾，遂不起，數日而卒。帥具棺殮葬於山陰蘭亭之側，署曰『王元章先生之墓』」③

徐顯《稗史集傳》所記基本同。這就說明王冕入胡大海軍次日即病重，未幾卒。山陰天章寺其地在今紹興蘭亭，翻越諸暨九里山即至，兩地近。天章寺距紹興城還有三十多里。九里山與營盤相距二里許，實則同處一地。正因為胡大海駐此，明軍才可以把王冕用轎擡出。由九里至營盤，再至山陰（蘭亭）天章寺，是明師行軍進攻紹興城順道，假如說王冕隱居在紹興城郊九里山（這座山位於縣城東南，今屬城南鄉），一非順道，二此時紹興九里之地依然為張士誠軍呂珍部所盤踞。僅從明軍進軍路線上也足以否定王

冕隱居山陰（紹興）九里山之說。

其次看王冕字號。煮石山農之號是王冕隱居九里山後才開始使用的，〈山中雜興〉詩之二云：「因拜山農號，生涯日日新」④。至正十七年（公元一三五七年），王冕在所作《梅花畫》上題有「煮石軒」字樣。煮石山是九里山之別名，《國朝三修諸暨縣志》云：「九里山一名煮石山，……元山農先生王冕自郝山下隱居此山，自號煮石山農。」未知九里山一稱煮石山，是王冕用號後，時（後）人別一稱呼？抑或是此山原有這別名，王冕才取煮石山農之號？迄未掌握原始資料，不敢妄論。不過按照古人時尚，以地命號的可能性較大，如與王冕同樣豪放不羈，同為諸暨人，同時期的著名文學家楊維楨就是在鐵崖山攻讀研籍後，又自號「鐵崖」的。所以煮石山農之號為王冕隱居何地提供又一證據。九里山，營盤之名至今仍顯，王冕所建的「煮石軒」及「茅廬三間」之類建築當然蕩然無存，唯山澗一池清水，當地人叫「王冕大塘」，世傳為王冕隱居時所築，這會不會是宋濂傳中所云：「引水為池」之「池」呢？明代紀念王冕所建的白雲庵遺址也清晰可辨。營盤村、九里村的村民對這位六百多年前高士情況之熟悉令人咋舌，他們談起王山農佚事眉飛色舞，如數家珍。這也許是茶餘飯後，津津樂道，代代相傳之故吧。

其三，從王冕詩文看。王冕《竹齋集》全部詩文中，凡語涉九里山的，均未直接言明郡望縣屬所在，這並不說明詩文中就無線索可找了。他在送〈暨陽同知〉七古中云：

「我生山野毛髮古，不是多時舊巢許。松根坐臥忘歲年，足迹何曾入官府……。」⑤又有五古二首，題為〈琴鶴二詩送賈安同知〉⑥，此二詩均作於隱居九里山之時。前詩題目中所云「暨陽」，為唐末諸暨一度所改縣名，後一首中賈治安，為此時諸暨同知，《國朝三修諸暨縣志》卷五十九載：「賈治安策，大梁人，曾官諸暨州同知，辟宗正府幕，至仁和令……詩工唐七言律，字行草皆佳。」王冕隱居諸暨九里山，賈治安這位同知是知道的，從賈治安角度看，在治所內隱居的名士，以同知的身分去看望是順理成章的，故而王冕對這位儒官也酬贈「送暨陽同知」之類詩章。如果說王冕隱居在紹興府城之地九里山，以官場規矩，賈治安這位小小的七品官大概不會去越這個雷池。

其四，看王冕詩作中點到諸暨境內地名。《丁酉歲元日九里山中》云：「授時無歷日，獻歲喜天晴。道路何艱阻，山林似太平。梅香清海國，柳色上江城。且得蘭臺近，疲民稍慰情。」⑦丁酉為至正十七年，公元一三五七年，也即王冕隱居九里山的第四年；詩中所云「蘭臺」距九里山很近，屬諸暨縣趙家鎮。「疲民」當自指。王冕說「且得蘭臺近」，又一個方面證明九里山所屬。山陰九里，距諸暨「蘭臺」跨越縣境，約有百里，則斷斷不能說近的了。

最後解釋下王冕〈山中雜興〉詩之一「去城懸九里，夾地出雙溪」⑧之意。嵇若昕先生〈王冕與墨梅畫的發展〉中，所引為「夾地出又溪」，我所見王冕《竹齋集》為嘉慶三年安雅堂版本，諸暨圖書館藏，此詩又見康熙、乾隆、光緒三種《諸暨縣志》錄，亦同，未知嵇先生所據何版？也許是原來誤排。張堃先生《王冕詩選》注釋此詩云，此山「指紹興城東之九里山中。九里山以距城九里而得名。」嵇先生則認為：「九里山之名乃非正式名稱，只因離城九里之遙」，但又斷然否認此山為距府城九里的山陰九里山，所以出現了一種矛盾心理，把九里山誤成若耶山，把「雙（又）溪」誤成若耶溪，這就大相逕庭了。諸暨九里山距諸暨縣城亦遠至五十里，詩中所云「城」非指諸暨縣城。實際這個「城」是指歷史名鎮，諸暨的第一大鎮楓橋。南宋乾道八年（公元一一七二年），以楓橋為中心從諸暨析置出一個義安縣，義安縣治所就設在楓橋，九里山屬當時義安縣（《國朝三修諸暨縣志》卷一）。至後來，義安縣遂廢除，重新併入諸暨縣的，但楓橋自此後繁華不衰，「上有楓橋，下有柯橋（屬紹興）」，在兩浙廣為盛讚。王冕生長年代距義安縣廢去不久，稱楓橋為城順理成章。再從九里與楓橋所距看，兩地正是九里之遙。九里山就是以楓橋為始計距而得名的。至於「雙溪」指「九里溪」和「楓溪」，王冕〈九里山中〉詩云：「九里先生兩鬢皤，今年貧勝去年多……九里溪頭曉雨晴，松風瑟瑟水泠泠。」九里溪與楓橋鎮的「楓溪」相貫，「夾地出雙溪」的雙溪指九里溪與楓溪。

史載與古迹吻合，別號與山名相契，「九里」與楓橋映證，竊以為，王冕隱居在諸暨九里山是沒有疑問的。

注釋：

①北京圖書館影印一九八七年「臺灣及海外中文報刊資料專輯」，嵇若昕〈王冕與墨梅畫的發展〉。嵇文原載臺灣《故宮學術季刊》一九八五年二卷三期。

②此說可能據徐勉之《保越錄》，明軍從諸暨州城兵分三路攻紹興，還有二路，一為楓橋，古博嶺（屬諸暨），天章寺，木柵，亭山（屬紹興）；一為缸灶，橫闊，茅洋嶺（屬諸暨），漓渚，戴旅山（屬紹興）。後二路張埜先生未列出。實則，明軍胡大海部從楓橋得王冕，因九里屬楓橋。

③《國朝三修諸暨縣志》卷五十一，錄張辰〈王冕傳〉。

④、⑤、⑥、⑦、⑧《竹齋集》卷三、卷二、卷一、卷三、卷三。

原載於《國文天地》第78期
民國80年11月，頁47～51

第四冊

短小、精粹、雋永

——劉禹錫〈陋室銘〉賞析

李如鸞

山不在高，有仙則名；水不在深，有龍則靈；斯是陋室，惟吾德馨。苔痕上階綠，草色入簾青。談笑有鴻儒，往來無白丁。可以調素琴，閱金經。無絲竹之亂耳，無案牘之勞形。南陽諸葛廬，西蜀子雲亭。孔子云：「何陋之有？」

唐代劉禹錫的〈陋室銘〉是一篇膾炙人口、流傳百代的佳作。

西漢韓嬰《韓詩外傳》卷五中寫道：「彼大儒者，雖隱居窮巷陋室，無置錐之地，而王公不能與爭名矣。」〈陋室銘〉這個題目很可能是受《韓詩外傳》的啟發而擬定的。

「銘」，是古代的一種文體。古代常刻銘於碑版或器物，用來稱頌功德，或用來表示鑑戒。

本文的主旨是「斯是陋室，惟吾德馨」。這個主旨，作者在開篇處並沒有點明，而是暗運斧斤，徐徐道出。文章先用一組形式勻齊的排句作為鋪墊：「山不在高，有仙則名」，是陪襯主旨的第一層；「水不在深，有龍則靈」，是陪襯主旨的第二層。有了這兩層有力的鋪墊，然後再引出揭示主旨的第三層——「斯是陋室，惟吾德馨」。文章用山和水比附室，用不高和不深比附陋，用仙和龍比附主人，用名和靈比附德馨。這種「旁起」的寫法，使文章有波瀾，有曲折，曲盡引人入勝之妙。

接下去，文章正面描述與陋室有關的情況。「苔痕上階綠，草色入簾青」，寫陋室的景色。滿階苔痕，一院青草，環境幽靜清雅。這除了表明作者一切任其自然、恬適自得的心境之外，還說明作者不願廣為交游，前來造訪的人不多。值得提出的是，這裏的「上」字和「入」字，用得非常傳神。有了這兩個字，便成靜景活寫，顯得既有精神，又有情味，從中流露出作者對陋室周圍景色的喜愛之情。「談笑有鴻儒，往來無白丁」，寫陋室的人物。前一句是實寫，後一句是虛寫。鴻儒來訪，與鴻儒談笑，可以想見作者的身分。這兩句在於襯托主人的德才兼備，表明主人高雅脫俗的情懷。「可以調素琴，閱金經。無絲竹之亂耳，無案牘之勞形」，寫主人在陋室中的活動。「可以調素琴，閱金經」，用的是散行句式，是從正面說的；「無絲竹之亂耳，無案牘之勞形」，用的是駢儷句式，是從反面說的。駢散句中，又有呼應，有對照，「可以調素琴」與「無絲竹之亂耳」相呼應，相對照；「閱金經」與「無案牘之勞形」相呼應，相對照。一正一反，虛實相生，相映成趣，行文的縝密，從這裏可以看出。以上所寫的陋室之景，陋室之人，陋室之事，目的在於表明「惟吾德馨」，正因為陋室的主人道德高尚，聲名遠播，才見出陋室不陋。

行文至此，意思似乎已經基本寫盡。然而才華橫溢的作者並不感到滿足，他還要向縱深方面開拓、生發，於是又寫出「南陽諸葛廬，西蜀子雲亭」二句。「諸葛廬」，遺址在今湖北省襄樊市西，是三國時期政治家、軍事家諸葛亮隱居時所住的草廬。「子雲亭」，遺址在今成都少城西南，指西漢文學家、哲學家兼語言學家揚雄住過的「揚子宅」，也稱草玄堂。文章為了押韻，所以不說揚子宅或草玄堂，而說「子雲亭」。子雲是揚雄的字。這兩句，作者採用類比的手法，以歷史上兩個知名人物的名室和自己的陋室作比，意思是說，南陽諸葛廬和西蜀子雲亭也都是陋室，由於它們主人品德高尚，因而陋室不陋；那麼自己的陋室難道不是如此嗎？有了這一層意思，便豐富了文章的內容，加重了主題的分量，使作品又多了一層波瀾。

全文的最後一句：孔子云：「何陋之有？」孔子這句話出自《論語•子罕》，原文是「子欲居九夷。或曰：『陋，如之何。』子曰：『君子居之，何陋之有？』」我們知道，自漢武帝劉徹「罷黜百家，獨尊儒術」以來，各朝代多把孔子創立的儒學奉為至高無上的經典，把孔子的言論視為金科玉律。因此，當時寫文章引用孔子的話，便格外具有號召力。本文以孔子的話作結，是為了「援古以自重」，用來突出君子居之、陋室不陋的主旨。不過，作者有意不引「君子居之」四個字，只引「何陋之有」，而把「君子居之」這層意思暗含其中。這樣寫，不露痕跡，頗有餘味。

〈陋室銘〉一文的思想內容比較複雜，既有積極的一面，也有消極的一面。文章中所表現的作者重視修身養性，強調潔身自好，不羨慕富貴榮華，不追求物質享受，都是有進步意義的。今天，也有一定的借鑑價值。但是，本文所表現的自命清高、與人無患、與世無爭的消極情調，卻和我們的時代精神格格不入。這也正是作者的時代背景在作品中的反映。

遺憾的是，這篇作品寫作的確切年代已經無法知曉。不過根據文章所表現的情調和「閱金經」的字句來推斷，本文很有可能作於以王叔文為首的政治革新集團遭到失敗以後。當時劉禹錫因受株連，曾經兩次被貶，過了二十餘年的坎坷生活。「窮則獨善其身」，他從反面汲取了教訓。

近年來，有的人說，劉禹錫住過的陋室，相傳在今河北省定縣南三里莊。河北省定縣是戰國時期中山國活動的中心，漢高帝時設為郡，景帝時改為國，治所定在盧奴，就是現在的定縣。《新唐書》列傳第九十三有劉禹錫本傳，本傳上記載，劉禹錫自己說他的籍貫在中山（「自言系出中山」）。由此看來，說劉禹錫的陋室在今定縣，不是沒有可能。如果這個傳說可信，〈陋室銘〉一文當寫在劉禹錫從政前的青年時代。不過，劉禹錫從政前涉世不深，政治上沒有受過挫折，是很難發出案牘勞形的慨嘆、很難對遁世的佛學發生興趣的。因此，我們認為本文寫於作者的貶官時期，比較近乎情理。

〈陋室銘〉是一篇僅有八十一個字的短文，它的立意、布局、語言都很有特點。從立意來看，本文雖然是為陋室作銘，但沒有直接描述陋室如何簡陋，而是採取因人及物的手法，從其它幾方面加以映襯，因而感到新穎脫俗，不落窠臼。從布局來看，本文是用議論的筆墨開篇，以雙重比喻起興，作為蓄勢，而後揭示主旨；主旨一經點出，便層層扣緊，先用襯托的手法，再用列舉史實和引用古語的寫法，逐步加深主旨，句句坐實主旨，使得全篇首尾呼應，統體渾成。從語言上看，有排句，有對偶，有散行；以四言句為主，中間雜有五言句和六言句；除用單句結尾不押韻外，通篇押的是一個韻腳，而且兩句一押，兩句構成一個完整的意思。這樣寫，語句參差錯落，音調鏗鏘諧美，節奏鮮明頓挫。

總之〈陋室銘〉篇幅短小，內容精粹，情味雋永，不愧是出自大作家劉禹錫之手的

百讀不厭的佳作。（轉載自《文史知識》一九八二年第六期）

原載於《國文天地》第45期
民國78年2月，頁75～77

陋室何以不陋？

賴麗蓉

「陋」有狹窄、不完備的意思，所謂陋室就是指空間狹窄、設備不完善的屋子；無論狹窄或不完備，所陳述的都是現實世界的物質條件；照常理說，陋室就是陋室，除非用外力改變它，否則陋室永遠是陋室，而劉禹錫〈陋室銘〉首揭「斯是陋室」，末又以「孔子云：何陋之有」作結，充分彰示了「陋室不陋」的主題。陋室不陋是個矛盾句，在邏輯上是站不住腳的，然而中國人十分善於運用這種句構表達哲理，例如老子的「大智若愚」、「大辯不辯」等等。什麼狀況下，一個矛盾句可以非但不矛盾而且富有耐人尋味的深意呢？劉文可以給我們清楚的提示。

〈陋室銘〉全文可以分為三段，從「山不在高，有仙則名」到「惟吾德馨」是第一段，首揭「斯是陋室，惟吾德馨」的主題，以下至「無案牘之勞形」是第二段，則以自己的具體生活為證，最末一段以「孔子云：何陋之有」作結。我們要注意的是劉禹錫引孔子「何陋之有」作結所表達的意義，此語摘自《論語·子罕》篇十四章，全文是：「子欲居九夷，或曰：『陋，如之何？』子曰：『君子居之，何陋之有？』」夷是指東方的邊疆民族，九夷，根據朱夫子註是說東方之夷有九，子欲居九夷，就是說孔子想到東邊的落後地區去。孔子為什麼要到文化落後的偏遠地方，《論語》中沒有說明，我們只能臆測，所幸這並非重點，不知道也無礙對這一章的理解，此章重要的是：「君子居之，何陋之有」八個字。

「陋，如之何」的「陋」當然是指物質條件的匱乏而言，「君子居之，何陋之有」的「陋」則指精神層面的生活內涵而言，當孔子說出他想到九夷去居住時，有人勸他說：那裡太簡陋了，怎麼能住呢？孔子答以「君子居之，何陋之有」，是表示只要精神內涵豐富，物質的匱乏是不算什麼的，這裡孔子並非以君子的德來否定物質的陋，而是提出另一種觀點從不同的角度作價值評定。好比我們看人，或從富貴名位、或以面貌體態、德行學問等不同的觀點去衡量一個人。同一個對象，從不同的角度去看，自然有各種不同的觀感，這也就是所謂的價值取向。

孔子並非不知道九夷是簡陋的地方，只是他更重視居住者的德行修養，居住者包括鄰人和自己，在「里仁為美」那章，我們看到孔子對鄰人德行的重視，此章則看到孔子強調個人的德行修養，富貴利達一半在人，一半在天，無可強求，德行修養則操諸在己，著眼德行價值是孔子的智慧，從此只要我願意，人人皆可當下自安自得，現實的匱乏不能決定人生的幸福與否，一個地方可住不可住，自然也就不在它的陳設是否簡陋了。

了解孔子「君子居之，何陋之有」的意涵，「陋室不陋」這矛盾句，也就不矛盾了；著眼於君子之德，當然可以對著簡陋的陳設說：陋室不陋。

劉禹錫以他優雅的隱士生活闡明陋室之所以不陋的理據，讓我們很清楚的看到，一個矛盾句何以能蘊涵豐富的哲思，原來其矛盾只是字面的，實則相同的一個符號，分別有所指陳。還有一點需要說明的是，劉氏以「苔痕上階綠，草色入簾青；談笑有鴻儒，往來無白丁；調素琴，閱金經；無絲竹亂耳，無案牘勞形」等生活內容來證實其所以德馨，其人之為君子，僅能表示劉氏個人對君子之德的看法，並不能用來詮釋孔子所謂的君子。事實上，劉氏所言只是唐朝隱士的生活內容而已，唯有孔門「志於道，據於德，依於仁，游於藝」的人生取向，方足以令一個人身居陋室而不覺其陋。

原載於《國文天地》第57期
民國79年2月，頁90

淺談《三國演義》〈空城計〉、〈草船借箭〉之相關史實

張力中

一、前言

《三國演義》是我國家喻戶曉、膾炙人口的偉大作品，其影響不僅上至達官貴人，下至販夫走卒，流傳深遠，甚且傳頌海內外。而清人毛宗崗在為《三國演義》修訂刪註後，更推崇該書為天下第一才子書。其實，《三國演義》之所以能成功，主要是作者羅貫中憑其博學多聞，揉合了歷史事實、元人《三國志平話》、雜劇情節，加上他自己超人的想像力和生花妙筆，整理改編而成的。

在臺灣地區現行的中學國文教科書裡，編輯委員相當重視《三國演義》這本章回小說，特別引介了其中兩則精彩故事，分別是國中國文第四冊節選第九十五回〈空城計〉，

高中國文第四冊摘錄了第四十六回〈草船借箭〉。如此比重，可謂是明清小說中之第一位，非常值得予以重視和探討。

首先，要注意的是：羅貫中把〈空城計〉和〈草船借箭〉的主角都設定為蜀漢丞相諸葛亮，雖然這是羅氏尊蜀漢、貶抑曹吳的立場所致，可是它卻和歷史真相迥然不同。為了避免莘莘學子被稗官野史牽引誤導，本文特採輯正史典籍，申明辨誤，冀能還其實際面貌，並藉此提供任職中學之先進同仁在教學上之參考。

二、空城計真相與沿革

稽考正史，晉代陳壽所作的《三國志》本文，其間無一語提及諸葛亮曾運用空城計阻敵。雖然南朝宋的裴松之為《三國志》做注，引用了王隱的《蜀記》之說，轉述諸葛亮在陽平關設空城計嚇退曹魏大將司馬懿；可是，這條資料乃是個美麗的錯誤，裴松之早已詳加質難駁正。另外，據《晉書·王隱傳》所言：「（王隱）雖好著述，而文辭鄙拙，蕪舛不倫」。所以，《蜀記》聲稱諸葛亮設空城計之說應該不可靠。至於《三國演義》誇談諸葛亮於西城縣大開城門，使司馬懿疑懼而退，更是憑空揑造的小說家言，與史實越行越遠。

既然諸葛亮不是歷史空城計的主人翁，那麼，三國時代是誰真正地佈下空城計呢？查證《三國志》之後發現：分別有文聘、趙雲、黃蓋、朱桓四位將軍臨陣巧施空城計或其變化之招。由上推知，空城計在三國當時並非密藏獨傳之策，而是多人熟知，而且敢行，又能出奇制勝的妙著。

若進一步探索，我國歷史上最早創作空城計謀者是何人呢？根據《左傳》莊公廿八年記載：

> 秋，（楚令尹）子元以車六百乘伐鄭，入於桔柣之門。……衆車入自純門，及逵市。縣門不發，楚言而出。子元曰：「鄭有人焉。」諸侯救鄭，楚師夜遁。

對《左傳》這段敘述，杜預注說：「鄭示楚以閒暇，故不閉城門，出兵而效楚言；故子元畏之，不敢進也。」可見春秋時鄭國人洞開城門疑敵，使楚軍驚懼不敢貿然前進的故事，當是空城計之祖；其下，並啟發後世於兵戎抗敵時，以之運籌爭勝。

三、草船借箭探源及剖析

《三國演義》中，活靈活現地描寫諸葛亮用奇謀借箭，只可惜，無論羅貫中文采如何高妙，經檢驗，歷史上的諸葛亮仍無以草船借箭之舉。其實，《三國演義》極力舖陳的孔明借箭故事，乃脫胎於元代中葉刊行的《三國志平話》所載——東吳元帥周瑜戰船遭曹軍放箭相射，意外獲箭數百萬枝。然而，審閱史冊，歷史上的周瑜也從未經歷以戰船獲箭之事。

如果諸葛亮、周瑜都不涉及借箭始末，則何人方是借箭的智傑呢？在《三國志·吳主傳》裴松之的注援引《魏略》，標明在漢獻帝建安十八年，孫權在濡須和曹操對陣，當時「權乘大船來觀（曹）軍，（曹）公使弓弩亂發，箭著其船，船偏重將覆，權因迴船，復以一面受箭，箭均船平，乃還。」雖然孫權是急智「受箭」，屬於被動偶發的作為，但已經近似以船借箭了。

不過，「受箭」終究不等同於借箭，我國歷史上真正首創用計借箭的英雄，乃是〈正氣歌〉所歌讚「為張睢陽齒」的唐代名將張巡，根據《新唐書·忠義傳》記載：安史作亂之際，張巡一度困守雍丘，遭賊將令狐潮圍攻，斯時：

> （雍丘）城中矢盡，（張）巡縛槁為人千餘，披黑衣，夜縋城下，（令狐）潮兵爭射之，久，乃槁人；還，得箭數十萬。

細觀《三國演義》草船借箭，與張巡借箭之謀，雖有水陸之異，但仍有數點雷同。

其一，目標清楚，都是主動要巧取敵軍大量兵器（箭）；其二，都是利用束草或草人去承接敵軍射來之箭；其三，都是藉黑夜視線不明為掩護，誘使敵軍放箭中計。除此之外，相傳羅貫中嘗作有《隋唐兩朝志傳》，想當然耳，他必定也是熟知張巡事蹟；所以，諸葛亮草船借箭的小說故事，或多或少會夾雜著張巡的歷史身影。

四、結論

核閱國史，所謂諸葛亮主導空城、借箭二計之說，純為子虛烏有之事，不言可喻；唯民間百姓仍深信不疑，究其因，實為羅貫中《三國演義》的大肆烘染，方以致之。但是，羅氏移易史事之所以能深入人心，除了他駕馭文辭的高超功力外，還由於空城計謀在歷史上曾多次真實發生，並貼切兵法「實則虛之，虛則實之」的作戰原則，因而使讀者能順然接受。而草船借箭之言不致啟人疑竇，不僅是條件如前所述，且其情節內容對瀰江大霧的描繪，完全符合長江中游「平流霧」之地理現象，更使之具有強烈的說服力。

最後，尚有一關鍵問題：諸葛亮被羅貫中塑造成忠智雙全的英雄人物，並將許多豐功偉績強歸其名下，箇中原因為何？本人大膽揣測地說：那可能是羅氏身處北方異族統治下——弱文強武的元代，大志難伸，鬱忿不平，乃刻意篡編史實，把昔日縈思興復漢室、北伐中原用力最深的諸葛亮，賦予其足智多謀的才華，使之形象臻於完美，用以激發民眾抗拒北方強敵之心。若是，則《三國演義》不依循《三國志》以曹魏為正統的主軸，另立尊漢貶曹（北方政權）的深義，也就清晰可解了。

原載於《國文天地》第146期
民國86年7月，頁114～116

〈木蘭詩〉賞析

張高評

唧唧復唧唧，木蘭當戶織。不聞機杼聲，唯聞女嘆息。「問女何所思，問女何所憶？」「女亦無所思，女亦無所憶。昨夜見軍帖，可汗大點兵。軍書十二卷，卷卷有爺名。阿爺無大兒，木蘭無長兄，願為市鞍馬，從此替爺征。」

東市買駿馬，西市買鞍韉，南市買轡頭，北市買長鞭。旦辭爺娘去，暮宿黃河邊。不聞爺娘喚女聲，但聞黃河流水鳴濺濺。旦辭黃河去，暮至黑山頭，不聞爺娘喚女聲，但聞燕山胡騎聲啾啾。

萬里赴戎機，關山度若飛。朔氣傳金柝，寒光照鐵衣。將軍百戰死，壯士十年歸。

歸來見天子，天子坐明堂。策勳十二轉，賞賜百千強。可汗問所欲，「木蘭不

用尚書郎！願借明駝千里足，送兒還故鄉。」爺娘聞女來，出郭相扶將。阿姊聞妹來，當戶理紅妝。小弟聞姊來，磨刀霍霍

木蘭從征

向豬羊。開我東閣門，坐我西閣床。脫我戰時袍，著我舊時裳。當窗理雲鬢，對鏡貼花黃。出門看伙伴，伙伴皆驚惶：「同行十

二年，不知木蘭是女郎！」雄兔腳撲朔，雌兔眼迷離，兩兔傍地走，安能辨我是雄雌？

關於〈木蘭詩〉的寫作時代，明胡應麟《詩藪》據詩中「可汗」的稱號，訂在東晉五胡亂華之初；蕭滌非《南北朝樂府民歌》據社會風貌、出征地點，以為作於北朝元魏分裂之前；後來流傳到隋唐經文人潤色，以致中雜唐調。綜要言之，蕭說較可信服。因為：㈠此詩首見於陳僧智匠的《古今樂錄》；㈡本詩素材取自北朝民歌〈折楊柳枝歌〉（胡適《白話文學史》）；㈢北朝流行「木蘭」之稱號；㈣北朝諸帝已稱「可汗」；㈤玩索詩辭，〈木蘭詩〉殆為北朝樂府（潘重規《樂府講稿》）。但是，㈥「策勳十二轉」，似述唐代官制（閻若璩《尚書古文疏證》）；㈦「大點兵」、「市鞍馬」之方式，乃西魏唐初府兵制（程大昌《演繁露》）。而且，㈧「尚書郎」一職，從隋廢周官始有；由隋唐制度之摻雜其間，可見此詩曾經隋唐文人之潤飾。不過，就全詩看，仍不失為北朝民歌好勇尚武的本色。

這首詩共六十二句，三百二十八字，載於《樂府詩集》卷二十五，〈橫吹曲辭〉中的〈梁鼓角橫吹曲〉，與〈孔雀東南飛〉齊名，是漢魏六朝樂府中難得的敘事長篇。藉著淺白流暢的語言，引人興味的情節，來刻劃一位柔中帶剛，移孝作忠的巾幗英雄形象。

木蘭的細膩、謹慎、機智、勇敢、堅強、聰明等神態與個性，作者都不從正面描寫，也不從實處說明，大致是運用側筆烘托、處處傳神的手法來表現：如從歎息聲表現木蘭代父從軍的意願和猶豫，從到處張羅準備行裝去表現她的細密與週到；從「不聞」「但聞」四句，表現兒女思親的情懷，以及置身戰場的悲壯實感。再從萬里關山、朔氣寒光四句，表現長途跋涉、轉戰山河的征戰艱苦，與百戰榮歸的難能可貴。描寫木蘭凱旋返鄉一段，爺娘姊弟的喜出望外，同行伙伴的驚惶訝異，也都運用烘雲托月的手法，分別從旁面、對面、側面極力渲染，所以靈活不板，情趣無限。這是〈木蘭詩〉第一個特色。

〈木蘭詩〉第二個藝術特色，是通篇運用「前遮後表」、「避就留餘」的詳略互見手法，來表現木蘭從軍的奇人奇事。如木蘭女扮男妝一事，不在購置裝備、辭別爺娘時點明鋪寫，卻遲至凱旋返鄉、回復女妝時表出；木蘭投身戰場的英勇矯健，不在萬里關山、朔氣寒光一段清楚說明，卻移換到天子論功行賞時拈出。木蘭家的成員，前二段只談到有爺娘、無兄長；末段的敘述，則並及阿姊與小弟。而且木蘭喬裝從軍，瞞天過海的萬無一失，前文了無一言半語的交待，到篇末才藉同行伙伴的驚惶道出個中消息。清人張玉穀《古詩賞析》卷二十以為，這類手法最能見出「避順避實」、「敘事虛實互用之妙」；筆者認為：這應當是「前遮後表」、「避就留餘」、「明暗交寫」、「詳略互見」諸法的運用，不僅蘊藉精彩，而且引人入勝，很可見作者剪裁安排的功夫。

〈木蘭詩〉運用了好幾組的排比句法，如「東市買駿馬」四句，寫得極繁，浮現了木蘭籌劃周詳、無微不至的意象；「旦辭爺娘去」以下八句，述木蘭的孺慕情懷，與從軍感受，也用兩組排比句，寫得極詳盡、極複沓，強化了時空的交替，與心靈的震憾，勾勒出女性的陰柔美。「爺娘聞女來」以下，連出四個排比句，使意象作流動的浮現，描寫骨肉天倫團聚之樂。歡欣鼓舞的心情，親切熱烈的氣氛，躍躍欲出。再用「開我東閣門」以下四個排比句，及兩個對偶句，以慢鏡頭作細膩之描寫，強調了木蘭恢復女兒身的從容與喜悅，達到了繪聲繪影的藝術效果。以上各組排比句，不過敘一時之情事，卻描寫如此詳盡；而木蘭從軍十二年，軍旅狀況只寫得「萬里赴戎機」以下六句而已，何其簡略！因為本詩主題在表現木蘭代父從軍的孝心，不是鋪述戰功的史詩，所以十二年描寫三十字便已足。至於上述章節無非表現「木蘭的女郎」，由於是主意所在，故往往極盡鋪排之能事。繁簡詳略之間，跟賓主輕重有關，這是剪裁布局的心法，所謂「布局務繁，繁以養勢，妙在精彩；敘事務簡，簡以盡神，妙在蘊藉」，這段話值得參考。

複沓，是樂府民歌慣用的手法，在本詩中表露無遺：如「問女」二句、「女亦」二句、「東市」四句、「爺娘聞女來」六句，皆不憚其煩，往復詠歌，表現了音樂的和諧美。杜甫〈草堂詩〉「舊犬喜我歸」四韻，或受其影響。誇張的描寫法，本詩也有多處，如「軍書十二卷，卷卷有爺名」，不過言爺名列在軍書之中而已，不必卷卷有名；「策動十二轉」，表示木蘭戰功極高而已，不必十二轉。蓋不誇張，則不足以聳動心目，達到強調效果。《文心雕龍》所謂：「意深褒贊，故義成矯飾」，也是樂府民歌常有的現象。

「萬里赴戎機」六句，文字整麗流亮，音節鏗鏘悅耳，論者認為有唐律之風：寫遠征跋涉，只一句「萬里赴戎機」；寫轉戰各地，只一句「關山渡若飛」；寫征戰之苦楚艱難，只選取「朔氣傳金柝，寒光照鐵衣」的場景來渲染烘托，便使人身歷其境，感同身受。此二語對仗工整，不在唐詩之下，十足的唐律唐詩。「將軍百戰死，壯士十年歸」，以兩句十字速寫從軍十二年之經歷與成敗，濃縮概括，不可復加，而且整煉流暢，自然不雕琢。將軍百戰與壯士十年的對比襯托，可以想見沙場征戰的九死一生，凱旋榮歸的難能可貴。再者，此處點醒「壯士」二字，有意點明是從歎息之聲與孺慕之思的女兒身奪胎換骨而成，也是為了下文恢復紅粧女郎的突變作反面鋪襯，呼應天成，涵意深遠，類似六朝詩的流亮，又不失唐詩的整麗。

篇末以「撲朔迷離」作隱喻，貫串全詩的主意，收結全篇。使木蘭女扮男裝，置身軍旅的形象，有了更具體的演示。此種手法，跟後代電影藝術的「組合」「疊映」技巧相通，不僅連接片段以成一個有系統的強烈意象，而且將賓主虛實複疊在一處，以形成意象併發的效果，最具有繪畫性及多重暗示性，〈木蘭詩〉的結尾正富有此種藝術效果。

原載於《國文天地》第48期
民國78年5月，頁96～98

從史詩的角度讀〈木蘭詩〉

——兼談南北樂府詩之情調差異

江寶釵

儘管《詩經》、《楚辭》時代就已經標幟了中國南北不同的風色，但卻是在樂府裡我們看到同樣的詩形式，同樣詠歌我心，而真實地呈顯出南北迴異的生活景觀與大眾性格。或者是樂府極端口語的質性，特別善於掌握聲情，它所呈顯的也就特別醒人耳目吧！

我們讀〈江南可採蓮〉：

江南可採蓮，蓮葉何田田。
魚戲蓮葉東，魚戲蓮葉西。
魚戲蓮葉南，魚戲蓮葉北。

那晴光，那眉黛般的山峰，那緞匹似的蓮塘，那山水間畫上去的小舟，輕波晃漾裡搖曳著吳儂情語，魚兒交喋，活潑輕巧。是的，那是柔美的構圖，純粹江南的水土。再讀〈敕勒歌〉：

天似穹廬，籠罩四野，
天蒼蒼，野茫茫，風吹草低見牛羊。

詩勾勒的是塞外的白山黑水，山是崔巍的，水是豪闊的，彷彿粗纜大船間繚繞著高亢激揚的胡言燕語。山水間的曠野，草色直跨入天際，隨時而颯颯吹來的風掩湧波瀾，浮現了牛羊恬適吃草的影像，由靜入動，不著痕跡，是詩歌藝術的極致，這兩首詩用的都是自然的口語，都在點染游動於宇宙間的自然生機，描摹出我們眼前的南北風色，端的是兩種境界。

不只是風土的差異，更有人情的不同。南方女子嬌柔荏弱，日常或者陌上採桑，或者家中紡絲，一顆心牽繫著情人夫婿，婉轉纏綿，幾曾動過風雲氣？他們作的歌辭是〈作蠶絲〉，或者〈華山畿〉。

春蠶不應老，晝夜常懷絲。

何惜微軀盡，纏綿自有時。〈作蠶絲〉

奈何許，天下人何限，
慊慊只為汝。〈華山畿〉

北方遼遠荒涼的自然景觀，磨練了人民一片堅強、質樸的心地，燕趙古多慷慨悲歌之士，韓愈說：而他們流溢於歌辭的性情也充分顯示北人剛猛、尚武的習性。〈企喻歌〉：

男兒欲作健，結伴不須多。
鷂子經天飛，羣雀兩向波。

你瞧那臨風躍馬，馳騁獨往的豪情，那鷂子掠天一般瞬然即逝的矯健身姿，那奔馳時逼得雀鳥紛紛避向兩旁的聲勢，不就是剛猛最佳註腳？男子有如此豪情，女子又如何呢？北朝〈李波小妹歌〉：

李波小妹字雍容，褰裙逐馬如卷蓬，
左射右射必疊雙。

婦女尚如此，男子安可逢？

褰裙逐馬、左射右射，一出手可以斬獲一雙禽鳥，那種身手，或者有些修辭上的誇誕，但北地胭脂勇於騎射，非南國佳麗可以望其項背，則是不爭之事實。

必得要北地的風土才能孕育出〈木蘭辭〉那樣的奇人奇事奇詩吧！詩長共六十二句。三百二十八字，與〈孔雀東南飛〉齊名，是樂府中難得一見的敘事長篇。

〈木蘭辭〉演繹一個孝順的妙齡少女唯恐父親不勝沙場鏖戰之苦，驅策自己改扮男裝代父遠赴軍檄徵召的故事。十年之間，笨重的盔甲代替輕軟的裳衣，簡陋的營帳代替了溫暖的閨房，馬上馳驛、陣前殺伐代替了紡織、炊食。那是怎樣劇變的生活方式？而這一切事項在掩瞞絕大多數人耳目的情況下進行，迂迴曲折到最後真相大白。〈木蘭辭〉遂形成一個架構完整的戲劇情節。

如果我們進一步審視這個戲劇結構，冒名頂替父親是個冒險，女扮男裝混身軍旅是個冒險，沙場征戰更是個冒險。也就是說，木蘭故事的結構是一連串冒險的動作，這正是傳奇的特質。所謂傳奇，它敘述一個冒險犯難的歷程(adventurous process)，透過衝突、戰爭、犧牲……等梯階，身分為神祇或者英雄的主角，生命如何成長，如何獲得愛情。敘述傳奇往往是史詩的重要成就之一。〈木蘭辭〉採用敘事(narrative)的方式，記錄一個巾幗英雄(heroine)的事蹟，主題是她的孝思，雖然缺乏了愛情的素質，但它包括了英雄、戰爭與犧牲。神祇在中國除了祭歌以外，鮮少構成詩的主題，可以不論；就愛情言，中國人重視婚姻遠甚於愛情，最宏偉的敘事詩〈孔雀東南飛〉探討的是婚姻。由於文化的差異，以西方文學類型的定義繩諸中國，要求亦步亦趨，顯然是買鞋信度。如果西方以自身重視的愛情傳統作為定義文學類型的憑藉，那麼重視倫理，特別是孝道的中國，以倫理取代愛情，不是順理成章嗎？因此我們以史詩(epic)的角度來欣賞〈木蘭辭〉，作為了解中國詩心與文化傳統的途徑定然是有幫助的。

關於〈木蘭辭〉的藝術成就、修辭技巧方面：同一句式的類疊、特定字眼的鑲嵌（如東西南北）、「十二轉」的誇飾、「何所思」、「何所憶」的設問，寫作技巧方面如盤算代父出征至返鄉恢復女裝的剪裁安排，《國文天地》四卷十二期張高評的〈木蘭辭〉詩賞析有相當深入的解析，可以參考。此地要詮釋的是詩如何透過示現的手法將木蘭的種種行動如在耳目地展現出來，成功地鋪張她的北人性格。

所謂示現，是說經過人物或者景觀的細部描寫，把握臨即感，將當時的情境如實地交待給讀者。從一開始「女亦無所思，女亦無所憶」，乾脆的言語便暗示了一種果斷不扭捏的性格；四處去準備行當固然是細心週到的表現，但也是爽快俐落的作風。黃河水幽幽地流，間錯著粗獷的胡語，萬里關山渡越，從黃河到黑水，冰寒的空氣裡傳著守夜人的梆聲，清冷的月色輝照著鐵衣，又是一個情境的具體呈寫。惡劣的戰地正足以顯映木蘭堅韌勇毅的性格。見天子，與天子說的話；回鄉時爺孃阿姊小弟的忙碌，木蘭入房梳妝的動作，出門來伙伴的驚惶。一項一項都用實際敘事，完全放棄傳統描述的方式，說得流暢不滯。木蘭絕無嬌羞造作的應對，栩栩如生。人物性格的成功，敘事靈活，是〈木蘭辭〉最大的成就所在。有人從它寫作技巧的成熟，或者是從「朔氣傳金柝，寒光照鐵衣」鍊句的整鍊華美，疑為後人的偽作，有許多人因此搜羅種種證據藉以辯護。大抵確定了是六朝的作品。事實上，史詩的形成，除了先有故事架構廣為流傳，形諸文字後，必定經過許多人的共同創作，才有了今天的面貌。〈木蘭辭〉經過後世文人增改是可以確定的，但以詩呈顯的情調言，歸之於六朝的作品應是可信的。

原載於《國文天地》第63期
民國79年8月，頁86～87

不聞機杼聲

——「喞喞」究竟狀何聲

彭元岐

國中國文第四冊有〈木蘭詩〉一課，其中「喞喞」二字，新版本解釋為：「機杼聲」，舊版卻解作「嘆息聲」，往往使得任課老師們無所適從。

經查手邊各種字典，「喞喞」二字解釋均作「狀聲詞」，所表達的聲音有：機織聲、蟲鳴聲、低微的說話聲、歎息聲等五種，而對於「木蘭詩」的「喞喞」二字，大多在「機織聲」分類之下採錄此詩以為例證，也就是說直接認定「喞喞」二字是「機織聲」了。如此解說的有五南圖書公司的《國語活用辭典》、正中書局的《形音義綜合大字典》、文化大學印行的《中文大辭典》。卻也有三民書局的《大辭典》是將「機杼聲」與「歎息聲」並舉當成一類，而以本詩前四句為例，更是使人莫衷一是。

又查《國文天地》所出版的《解惑篇》一書，發現在該書第三〇七頁收有董金裕教授一篇《唧唧是嘆息聲嗎？》的答問之文。董教授的說明大致可分為兩點：

一、以「唧唧復唧唧，木蘭當戶織」的句意來看，應該解作「機杼聲」；但如以「不聞機杼聲，惟聞女嘆息。」的句意來看，也可解作「嘆息聲」。

二、「狀聲詞」固然有跟實際的聲音完全吻合的，但並不一定都跟實際的聲音完全吻合。所以固然沒有人的嘆息聲是「唧唧」，但機杼聲也不是「唧唧」。

看完此文，總算有所領會。思之再三，卻又忍不住興起兩個疑點，試各以《修辭學》與《聲韻學》的粗淺知識申論如下：

一、為何以首二句的句意來看，應該解作「機杼聲」；而以次二句的句意來看，又可解作「嘆息聲」呢？

其實，作者在全詩之首，就使用了修辭學「示現格」裡的「懸想的示現」，所謂「懸想的示現」就是「把想像的事情說得像真在眼前一般」。（見黃慶萱教授所著《修辭學》第三七三頁）而示現的原則更是常常「用聽覺或視覺訴諸讀者的感官，以便引起鮮明的印象。」（見前書三七五頁）我們試以電影處理鏡頭的手法來看此四句詩：

作者在一、二句中，與木蘭所處的位置是有一段距離的。他先以聲音做前奏，遠聞之下：「喞喞復喞喞」，此時作者還都不知道這個「喞喞」之聲是由什麼發出來的，待鏡頭移向門邊，才出現「木蘭當戶織」的遠景，讀者（或說是觀眾）在鏡頭的引導之下，對所聞的「喞喞」之聲是理所當然的認為是「機杼聲」了！三、四句，寫的是近景。待走近一看、靠近一聽：「不聞機杼聲，惟聞女嘆息。」原來，木蘭雖坐在機杼前，卻是手憑機杼，木然而坐，只是連聲「喞喞」。至此，作者才交代了剛才所遠聞的「喞喞」之聲，不是「機杼聲」，而是「歎息聲」啊！

所以說：在前兩句來爭論「喞喞」之聲是「機杼聲」或「歎息聲」是沒有多大意義的，因為作者本來只是寫了一個能夠狀「機杼聲」又似「歎息聲」的狀聲詞，又藉著第二句引導讀者一起揣測為「機杼聲」；待進入第三句，才藉近距離所見所聞否定第二句的暗示，真是非常高妙的「示現」手法啊！

二、「喞喞」一詞，就算不能跟實際的聲音完全吻合，那麼，該詞所發的音值跟實際的「歎息聲」誤差有多大呢？

首先要確定的是，這裡的「歎息聲」絕對不是我們今天白話文所用的「唉」字所表達的聲音。

其次，要擬「喞喞」一詞當時的音值。木蘭詩的成詩年代，雖無定論，但考據者大多認定非隋即唐。若以風格而言，則以北朝樂府最為可能。那麼，根據隋·陸法言所修的「切韻」來擬音是最恰當的，只可惜此書已佚。我們只能根據後起而與此書只有「分韻寬嚴」不同的「廣韻」來擬，大抵也是不會錯的。

據《廣韻》：

「唧」字在入聲二十四「職」部：子力切。

反切上字屬精母，聲值擬為［ts］，就是今天國語聲值的ㄗ。

反切下字是力，韻值擬為［jək］，念起來極似今天閩南語所講「溢出來」的溢。

「唧」字的發音就是［tsjək］，念起來也就是今閩南語所講「叔叔」的阿「叔」。

那麼，木蘭當初所發出的歎息聲便是如此嗎？不是的。因為能表達人類感情的聲音何止千百種，若要一一落實在文字或聲音符號上是很困難的。誠如董教授所說：「狀聲詞」固然有跟實際的聲音完全吻合的，但並不一定都跟實際的聲音完全吻合。

問題是：「不吻合」之處到底在那裡呢？

要知道一般語言都是以送氣發聲的，但是，「狀聲詞」所狀之聲常有以口腔吸入空氣而發覺的。譬如閩南語中「小飲一口」的［sip］一下，就是活生生的「狀聲詞」轉為「動詞」用，而他所狀之聲就吸氣造成的「擦音」。您不妨自行模擬：吸一小口的熱水或老人茶，就能體會了。而這種「狀聲詞」轉成「動詞」的情形也非我漢語所獨有—拼音文字的英語中，「小飲一口」也是sip啊！

而「唧」字所狀之歎息聲也是一樣，雖音值是〔tsjək〕（就是閩南語的「叔」），我們必須把它改為吸氣的方式來發音—千萬記得要用舌根音，也就是不送氣的ㄍ來收韻尾(ending)，不就是古今中外之所同的感嘆之聲了嗎？

更妙的是，這種歎息聲所表達的感情是多樣的：他可以是感嘆，也可以是讚嘆，他不但是〈琵琶行〉中，「我聞琵琶已歎息，又聞此語重唧唧！」的嘆息之聲，更也是袁枚〈祭妹文〉中，「適先生奓戶入，聞兩童子音琅琅然，不覺莞爾，連呼『則則』」，所發的「讚嘆之聲」；至於木蘭在接到父親徵兵令之後，坐在織布機前所發出的聲音，當然毫無疑問地是「嘆息之聲」了。

因此，我們得到一個結論：

鏡頭遠處，木蘭是坐在機杼前，隱隱約約傳來「唧·唧·唧」彷彿是機杼所發出的聲音；但鏡頭一拉近：木蘭竟是滿面愁容、心事重重的模樣，手部的動作是靜止的，啊！原來她正在一聲又一聲地：唧〔tsjək〕（吸氣之章）！唧！唧！「怎麼辦呢？」「怎麼辦呢？」……

透過這種以「聽覺」、「視覺」示現的手法，再加上狀聲詞「唧」的運用，木蘭的一片孝思與猶豫徬徨之情就躍然紙上了！不過，以上所運用的「聲韻」、「修辭」之學皆屬專門的方法之學，筆者所學有限，率爾推測之辭，還望方家賜正是幸。

原載於《國文天地》第112期

民國83年9月，頁72～74

木蘭詩裏的「喞喞」是機杼聲

孫振志

《國文天地》一一二期刊載的〈不聞機杼聲—「喞喞」究竟狀何聲〉一文，對「喞喞」的解說別出心裁；但結論待商榷。

彭先生於大作裏先引述董金裕教授在《解惑篇》裏的解釋；以「喞喞復喞喞，木蘭當戶織」的句意來看，應該解作「機杼聲」；但如以「不聞機杼聲，惟聞女歎息」的句意來看，也可解作「歎息聲」。

彭先生覺得董教授的詮釋不足以解惑，乃從修辭學與聲韻學分析，可謂見解獨到；但結論和董教授的解釋雖殊途而同歸，依然是兩個答案。

〈木蘭詩〉作者不至於用模稜兩可的狀聲詞，從語意分析，「喞喞」也非雙關語。我們應將「喞喞」加以規範。給讀者一個正確答案。

什麼是正確答案？教育部《重編國語辭典》將「喞喞復喞喞」解作「機織聲」即

是。因為木蘭既然「當戶織」，機杼自會發出「唧唧」的聲音；至於「不聞機杼聲，惟聞女歎息」，該是木蘭憶起「昨夜見軍帖，可汗大點兵；軍書十二卷，卷卷有爺名」停織後發出的怨聲。不織了，當然「不聞機杼聲」啦！因此，我們可以這麼說：「唧唧復唧唧，木蘭當戶織。」與「不聞機杼聲，惟聞女歎息」。這兩個動作是發生在不同的「時段」裏。儘管這兩個「時段」緊接在一起，但二者情景不同，仍應劃分清楚，才不致把機杼的唧唧誤作木蘭的歎息。

在下任教國中時，曾於民國七十五年八月一日在《中國語文》第三五〇期討論過「唧唧」，今又發現彭先生舊話重提，一時技癢，再於《國文天地》抒發淺見。

原載於《國文天地》第113期

民國83年10月，頁104

「喞喞」可狀蟲鳴聲嗎？

曹繼曾

「國中國文第四冊有〈木蘭詩〉一課，其中『喞喞』二字，新版本解釋為：『機杼聲』；舊版卻解作『嘆息聲』，往往使得任課老師們無所適從。」這是新竹中學老師彭元岐先生在八十三年九月號《國文天地》第一〇二期所發表的〈不聞機杼聲——『喞喞』究竟狀何聲〉一文，開頭所說的幾句話。

關於老師們「無所適從」是必然的，我有同感。只是對「喞喞」一詞的解釋，卻與彭老師的看法不同。

彭老師查過字典，也查過《解惑篇》，《解惑篇》上的揭示，總括起來可分為兩點：

一、依《木蘭詩》前兩句可解為「機杼聲」；若以三、四兩句來看，也可解作「嘆息聲」。

二、狀聲詞不一定跟實際的聲音完全吻合。

他「有所領悟」之後，又發出了兩個疑問。因而，他利用「修辭學」懸想示現格，尋得了第一個疑點的答案。再使用「聲韻學」的知識，以《廣韻》之切音，與閩南話的音值，求得第二個疑點的答案。他認為「唧唧」仍應依舊版之解，是狀「嘆息」之聲的。我則覺得：用「修辭學」、「聲韻學」知識解釋〈木蘭詩〉，有以現代人的想法，勉強加之於「古人創作」上的感覺，是非常不自然的事。為什麼不用前人現成的材料去作說明呢？又何以不能找木蘭以外的「聲」來替代「唧唧」的釋意呢？

試想：「機杼聲」是木蘭操作的；「嘆息聲」是木蘭發出的。若把木蘭以外的如「秋蟲聲」或者「促織鳴聲」也考慮進去的話，或許會更生動些。

秋天，最常見的是蟋蟀，蟋蟀又名促織。木蘭之所以「當戶織」，應該就是當蟋蟀一再鳴叫的時候。北方人對秋天是敏感的，未曾在當地生活過的人不能明白！過冬需要棉衣，棉衣用布須在秋天完成，古代的分工是「男耕女織」，所以「木蘭當戶織」，前一句的「唧唧」解作「促織鳴聲」不是很合理嗎？

國立編譯館，民國六十六年十二月出版的《國中國文教師手冊》(三)，〈木蘭詩〉注釋一說：「《古文苑》首句作『促織何唧唧』，促織是蟋蟀的別名，故或釋為蟲聲。」①後來，國文改編〈木蘭詩〉被移入第四冊。民國八十年《國中國文教師手冊》(四)，第一七六頁，除引了《古文苑》全部文字外，並補充說：「若以本教材所據之《樂府詩集》

字句而言，解作蟲聲，迂曲不可通。」教師手冊中前後如此矛盾，蓋由字句而起，殊為不當。

《文苑精華》作「唧唧何力力」、《古文苑》作「促織何唧唧」，《樂府詩集》作「唧唧復唧唧」皆《教師手冊》所引。加上《中國文學發達史》②引《折楊柳枝歌》作「敕敕何力力」，《地驅樂歌》（是四言民歌）作「側側何力力」上列皆北朝民歌，而且前三種是《木蘭詩》的異文。所引唧唧、力力、敕敕、側側皆狀秋蟲夜鳴之聲。而〈木蘭詩〉三種異文正證明是經後人改削潤色而成的地方③。絕不可說解作蟲聲為不通。

高雄師範第三屆中國語文教學《學術研討會論文集》，國中組第八十一頁以下，有〈從《木蘭詩》的起與結談幾個詞語〉一文，到九十二頁為止。其中詞語之一就是「唧唧」。文中分析說：「七十七年以前的國中國文版本，解『唧唧』作『嘆息聲』，以後則改為『機杼聲』」。其實〈不〉文開頭就提到這個問題。彭老師則證明了前者，不言而喻的是「改還不如不改的好」！

改編後的《教師手冊》則仍認為七十七年前後的改變是有道理的，說：「若以前兩句為一意，則解作機杼聲較妥，但以前四句為一意，則應解作嘆息聲。」這與《解惑篇》略同，這種解釋豈不越描越黑嗎？如加以深入研究，可以發現這仍是受字句影響，缺乏對北朝文學的宏觀態度。我仍認為用「促織鳴聲」較好。

《禮記・月令》：「蟋蟀居壁。」《古詩十九首・涉江采芙蓉》篇：「明月皎夜光，促織鳴東壁。」晉人郭璞字景純，註《爾雅》時說：「蟋蟀，今促織也。」《詩緯》記曆櫝則說：「立秋促織鳴，女工急促之秋也。」由此可見「促織」促人織布之意。本詩以織布為引，豈可斥為「不通」。

促織之意，讀北朝文學之人，應該都懂。何況下句接「木蘭當戶織」，更說明「唧唧」一詞絕不可以「前兩句為一意」、「前四句為一意」的「支吾其詞」。以促織鳴聲為解，並不迂曲。強如以嘆息聲為解，會與「唯聞女嘆息」句相重；以機杼聲為解，與「不聞機杼聲」相衝突。我仍以為只有解作促織鳴聲最合適。

如果要用語譯，可說成：「蟋蟀一遍又一遍的鳴叫著」，應該是「木蘭當戶織」的時候。卻「不聞機杼聲」「唯聞女嘆息」。只要決定了「唧唧」是蟋蟀鳴，〈木蘭詩〉全是口語，只要把句中的關鍵字與現在通用的字，略加疏通即可。比望文生義輕鬆得多。鄙意如此，是否可通，幸達人有以教我。

注釋：

①見該書第十四頁。

②台灣中華書局印行，分上下兩卷。本文取材自該書第二五六頁（十一章二節）。

③見東海版，胡適著，《白話文學史》第八十六頁；《中國文學發達史》第五四二頁及二五六頁。

原載於《國文天地》第114期
民國83年11月，頁102～104

喞喞、促織與蟋蟀經驗談

孫振志

〈木蘭詩〉首句「喞喞復喞喞」，一說是機杼聲，一說是嘆息聲，今又添一說是促織鳴聲（見《國文天地》一一四期曹繼曾先生大作〈喞喞可狀蟲鳴聲嗎？〉）。細加玩味，值得探索。

曹先生將「喞喞復喞喞，木蘭當戶織。」一語譯成：「蟋蟀一遍又一遍的鳴叫聲」，應該是「木蘭當戶織」的時候。

這有兩個問題：一、「喞喞復喞喞，木蘭當戶織」乃當下情景，是進行式的；曹先生增添「應該」一詞，不合詩情，也違背詩意。二、促織的鳴聲的確是「喞喞復喞喞」；但曹先生錯把蟋蟀當促織，是菽麥未辨；因為蟋蟀的鳴聲是「矐矐」（故俗名蛐蛐），不是「喞喞」。

也許曹先生會說：從《爾雅》郭注到時下的辭典都把促織解作蟋蟀的別名。其實，蟋蟀一科種類很多，促織只是其中之一種而已。設由孔夫子編辭典，必先請問老圃、老農，然後再為促織下注腳。

在下是北方（膠東）人，出身農家，小學三年就在暑假期間跟同學到田野捉蛐蛐（後來才知其學名是蟋蟀），到小學畢業，已對善鳴好鬥的蛐蛐具有高度的鑑別力，聞其聲可辨其優劣，見其形能知其強弱。

捉蛐蛐時，常發現牠的同科異種，像頤和鹿，體形肥大，溫和友善，因而得名；棺材頭，牠的腦袋似被這造物者斜劈了一刀，活像棺材前部，以此得名，由於牠的牙齒內斂，不善咬鬥，僅憑後腿退敵；飛翅兒，因翅長可以飛行得名，如遇強敵，即展翅逃走；還有一種小不點兒，不過老鼠屎大，不知其名。

以上都是俗名。至於形似蛐蛐的促織，不在田野，而是棲息在室內旮旯或土灶縫隙中。有一次，我在鍋台上發現一隻瘦小灰色的「蛐蛐」正在咀嚼飯屑，我奇怪地自言自語：「鍋台上怎麼會有蛐蛐？」

「不是蛐蛐」，祖母告訴我：「那（指稱詞，鄉音音ㄋㄧㄝˋ）是促織兒（鄉音兒化為ㄘㄨˊ ㄐㄧㄦ）。」祖母補充說：「夜深人靜聽到的『唧唧』聲，就是促織兒在叫。」那個時代，室內「裝潢」以土為主——土炕、土灶、乃至土地，宜於促織棲息；如今，室內都是促織兒吃不消的設計，難怪在台灣看不到促織兒了。

想起祖母，同時想起她老人家當年紡紗的情景——一架木製而古老的紡紗機隨著她的操作不斷發出「唧唧唧唧」的聲音，因而聯想木蘭的織布機不也是木製的？當「木蘭當戶織」時，能不發出「唧唧復唧唧」的聲音嗎？

原載於《國文天地》第116期
民國84年1月，頁104～105

蟲鳴聲亦進行式

曹繼曾

《國文天地》第一一六期「迴響與反應」，有孫振志先生大作一篇，我認為孫先生能把經驗與學識合而為一，殊堪敬佩。而所提問題，茲答覆如下，並把兩個疑點一并說明於後：

一、第一個問題有兩部分：㈠「『唧唧復唧唧，木蘭當戶織』是進行式」問題。若將「唧唧」作蟲鳴，亦進行式。北方人常說：「促織鳴、懶婦驚。」驚是吃驚，應當作未完成的事。聞蟲鳴而提醒，表示在外的情狀是「吃驚」，則這婦人是有責任感的。既肯負責，必然要做下去。就「織布」一事來說，這不就是進行式嗎？孫先生自承是北方人，對於北方人常掛在嘴邊的話，當不會陌生。㈡「語譯添『應該』一詞，不合詩情，也違背詩意」一節。我認為：「語譯」將視文義需要而定，是可以用適當「文句」來變更的。以孫先生的「經驗」當可用必然的文句代替或然。否則的話，既存先入為主的心態，就另當別論了。

正中版《中國文學發達史》上卷第254頁說：「〈木蘭辭〉是北方民間敘事詩的傑作，同〈孔雀東南飛〉成為南北民間文學的兩大代表。」胡適在《白話文學》（東海版第86頁）上說：「這種故事詩，流傳在民間，經過多少演變，後來引起了文人的注意，不免有改削、潤色的地方。」前人推許〈木蘭詩〉為北朝文學的傑作，又經過後世文人的潤色，難道它的起頭，就必須這樣平淡的解釋嗎？

民主的時代裏，每個人有話就說，是對的！何況證之七十七年《國中教師手冊》第236頁：「《古文苑》首句作：『促織何唧唧』。」並且在注釋中說：「或釋為蟲聲。」可見釋為「蟲鳴」是其來有自的。

二、錯把蟋蟀當促織問題：孫先生太重視方言，忽略文獻。我不敢說「祖母的話」不實在，然各地方言容或所指非一，若以偏概全，一旦運用不當，後果堪虞。

我之所以相信《郭注爾雅》亦由方言而起。吾鄉（魯南臨沂）方言稱蟋蟀為「土蟄兒」，查蟋蟀並非「在土中蟄生」的，為什麼這樣叫它哪？看了《爾雅》，我以為「土蟄兒」是「促織」的方音兒化後訛變而成的。

查一九九〇年十一月北京出版社出版的《北京土語辭典》331頁，在「蛐蛐兒」條下僅註：「蟋蟀」二字。據《說文》⿱帥虫下云：「悉⿱帥虫，本當作「蟋蟀」。段玉裁《說文解字注》云蟋蟀皆俗字。」《爾雅》云：「蟋蟀，蛬。」郭璞註曰：「今促織也。」《正中形音義大字典》說：「蟋蟀亦名蜻蛚，促織、趨織，俗名蛐蛐。」孫先生又記載祖母說：「ㄘㄨˊ ㄐㄧ ㄦ」（即促機兒）我因此又打電話到高雄去詢問一位膠東籍的同學。他的回答也不是「蛐蛐兒」而是促機兒。促機雖也有促成織布的意思；但他說：「可能是促織」的訛音。

倒是《中華大字典》形容蟋蟀的一句話：「秋月振翼作鳴」最有價值。孟子說：「盡信書不如無書。」在戰國時候，已有書籍誤人之嘆。若孫先生確實掌握了疑點，當然我們也可以棄絕《爾雅》，以及所有詞典的。

下面我也有兩個疑點，向孫先生請教：

一、令祖母紡紗的時候，用的是「古老木製紡紗機」一語，我很羨慕。在魯南祖母級的人物，是無緣使用「紡紗機」的，家家戶戶只能用紡車來紡紗，七七事變之後，日本人佔領了中國全部港口，實實禁運敵軍，洋紗沒有了來路，連十幾歲的小女孩，都學會紡紗，但是只能用木製的紡車，也許膠東距青島近，開風氣之先，從祖母時代，就可用「紡紗機」，怎不令人羨慕。

二、古老木製紡紗機常發出「唧唧」之聲，木蘭使用的織布機亦木製，是否亦應發出「唧唧」之聲。我認為：不會。因為紡紗要轉動，難免發生輕震，織布則否。

其次，木蘭是用「杼」統成布的。杼就是梭，（清朝人注《說文》，認為到東漢時候，這兩字「雙聲」）可以假借。

從上古到現代，織布的技術，因時代而不同。請問木蘭織布是用「手投梭」呢？還是「手拉梭」。若用「手投梭」，則有兩種方式：一是簡便式的：當年在大陸上織「洋線口袋」即用此法。現在原住民在住地織帶子，也用這種方式。二是用機織布，機肯定是木製（因北方無竹）。織布時踏機開「交」，在兩線相交處，把梭擲過去，怎會發聲呢？（見附圖）

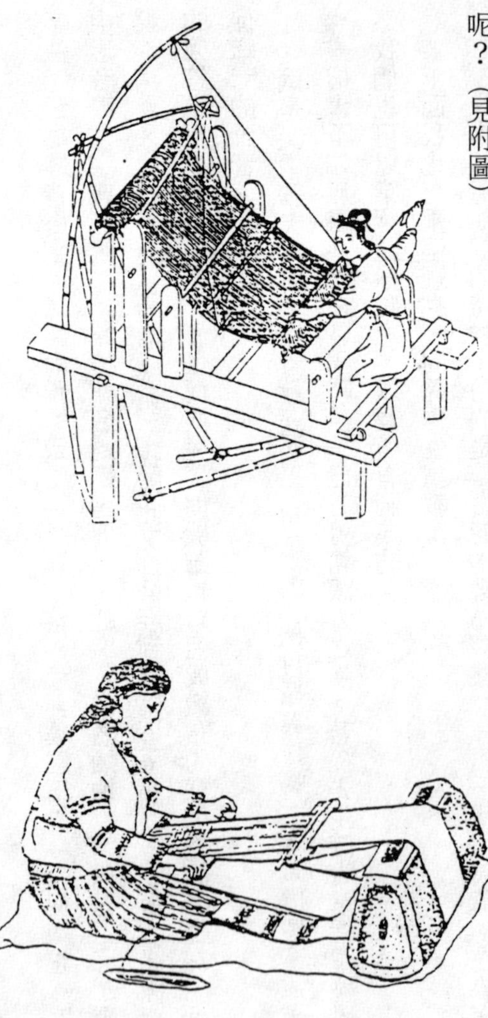

若使用手拉梭就不如此了。南宋時，詩人陸游有句云：「小婦梳髻高一尺，梭聲札札當戶織。」因為手拉梭又叫手打梭，是用手牽動繩子，拉動藤圈，打梭使進故也。特用發聲發亢的字眼「札札」形容梭聲，這說明「梭聲」（即機杼聲）是不能用「唧唧」來形容的。我認為用蟲鳴聲釋「唧唧」還是有道理的。

原載於《國文天地》第119期
民國84年4月，頁115～117

第六冊 渡也與竹

陳啟佑

國中國文課本第六冊第三課〈竹〉詩作者陳啟佑（渡也）教授，於八十二年十二月二十六日應邀至高雄阿蓮國中參與學生座談會，會中同學對〈竹〉之創作動機及其所欲表達的意念極感興趣，以下即是座談會問答的節錄。節錄中的問題也是讀者、國三學生常提的問題，特在本刊刊出，以饗所有讀者。

問：你是在何種情況下寫〈竹〉這首詩？

答：這首詩是在大三時寫的，我少年時個性耿直、嫉惡如仇、是非分明，喜歡仗義行俠，我想表達此種心態，所以選擇了有多種優點的竹來表達自己的心態，這完全是個人生活環境的體驗，所以用竹表達自己。

問：為何只有綠才是竹一生想說的？

答：竹雖然也有黃色的，但一般而言，竹子以綠色為主，到老仍不變其顏色，綠有美好之意，因而在此詩中綠具有象徵。而竹本身還具有許多優美的特性，如中空代表謙虛，環節代表節節上升，所以在此處透過擬人的修辭技巧，將其比擬成人，藉竹來比喻高潔者。

問：為何〈竹〉一詩中說「去鄭板橋畫裡」，而不去別人的畫中？

答：我所以選擇鄭板橋是因為他具有代表性，在這首詩中必須有氣節的人才能與竹相配，而鄭板橋正符合這個條件，再加上他以畫竹著名，故選擇他。如果換成張大千就不恰當，因為張大千不是以畫竹聞名，而是以畫山水為主。

問：請問你寫此詩時的心情如何？當你的詩刊在國中課本時有何感想？

答：自己有一首詩被編在全國性的教材中當然很高興，不過有一點疑惑的是這首詩在編入教材的隔年才有人跟我提起此事，編譯館事先並未通知我，此種作業方式實在有問題，應事前通知，對作者而言是一種禮貌，甚至讓作者能有所選擇，看是否有更好的作品可提供、可取代。〈竹〉在我的作品中並不是最好的，當然也不算差。另外有一件事與余光中先生有關，國中課本中，本來選了一首余光中的〈鄉愁四韻〉，但現在已被〈一枚銅幣〉一詩所取代，據說其中原因就是今日兩岸將要統一，〈鄉愁四韻〉這首詩大陸高幹看了會不滿，所以被換掉了，換成〈一枚銅幣〉，換此詩時也未經余光中同意，余光中對此事也十分憤慨，曾表示越選越差，選〈鄉愁四韻〉時已不滿意，更不要說〈一枚銅幣〉。他有很多很好的詩，如〈白玉苦瓜〉就沒有入選，竟然選了一首更爛的。〈一枚銅幣〉的確不是很好的詩。

問：為什麼想要用「竹」來讚美忠臣烈士？

答：當初我寫這首詩是寫我自己，且以忠臣志士比喻竹，剛好和國中課本「題解」的說法相反，但國中課本的說法我們也不能說它錯，因為他是從另一個角度來看這首詩。我們讀古文時也常看到此種情形，如《論語》中有一句「里仁為美」，不同的解釋就有一大堆，散文如此，更何況詩是含蓄的語言、濃縮的藝術，所以可以有不同的解釋，但要能自圓其說，如果說竹是讚美盜匪，或把它解成以竹歌頌狗就說不通了。我在中部地區對國中老師輔導時，常強調不要把詩、詞的答案定於一尊，譬如杜甫的〈秋興〉八首，就有許多不同的注解，為何有如此多種的注，就是因為可以有不同的看法，若只有一種答案，其他注家就不必再注解了，古人早就了解這一點。我們讀新詩也應如此，不可僅限於一種說法，那是不合理的。

西洋文學理論史最早是以作者為主，在研究一首詩前必先了解作者的生平事蹟、寫作動機、幾歲寫的、祖父是誰、曾經做過什麼官等等，做了這些研究後才開始去了解這首詩。以後發展到以作品為主，即不管作者是誰？身世背景如何？一開始就分析此詩。近幾年英美文學理論學者更主張以讀者為主，即讀者反應理論。經過此三大轉變，使讀者變得最大，讀者就是作者，這話怎麼說呢？即讀者重新詮釋作品，只要說得合理，可以不管作者的創作原來含什麼意義，讓讀者變成為第二個作者，故讀者來讀〈竹〉這首詩時，他即使是渡也B或渡也C，只要解釋得合理就可以了，所以像編譯館的解釋與渡也本意不同，那是渡也B，我也接受課本的看法，此即是以讀者為主的文學批評理論之一。現在國內也逐漸受到這種思潮的影響，故有人云：「讀者復活，作者死亡。」——即使作者，包括渡也在內仍活著，但批評家仍可說渡也已死，因作品已是獨立的個體，有其生命的，已不屬於渡也的，讀者可以重新詮釋，那讀者即是第二、第三個作者。這個問題我就簡單回答到此。

問：為何選「竹」作題材，而不選其他東西？

答：作家在創作時選擇題材有幾種情況：一種是偶發的，隨手拈來，並無特殊意義；一種是選擇生活中較為熟悉，並能賦予特殊意義者。我之所以選「竹」，是因為竹外形筆直，可用來比喻忠貞者個性耿直；竹的質地堅硬，可比喻有骨氣的人；它的環節則表示節節上升，奮發向上，有氣節。中空則代表謙虛。竹有這些優良的特性，所以選「竹」來表達心中的意念。國中課本編者說此詩是用「竹」比喻忠臣志士，而我當初寫這首詩的動機並非如此，是以忠臣志士喻竹。此詩實際上是寫我自己。

問：在〈竹〉這首詩中為何要在「向天空」的下面加逗點，而不一氣呵成，直接說「向天空步步高升」？

答：這個問題問得很好，可見同學也發現了問題。這首詩最早發表在《創世紀詩刊》，後來我把它收入《憤怒的葡萄》詩集，由中國時報出版社出版。我平時寫詩，在詩行的結尾很少加上標點符號，二、三十年代的作家，如徐志摩等人，他們在創作時喜歡在每一行下面加上標點符號，這純粹是個人的喜好。我在創作時，除非在行中要斷開才加標點符號（或是空一格），否則很少加標點符號，我不知道國立編譯館的編者為何擅自加上，此種行為是不禮貌的，沒有尊重原作者，且違反著作權法。我的原文應當是：

向天空
步步高升

因為加了標點符號，因此又產生一個問題：

也只有緣
才是你一生想說的
那句話
在忠臣傳裡
才能讀到

「那句話」下面原本也沒有標點符號，但國立編譯館加上「句點」，句子就不通了，因為「那句話」本來是下開下面兩句，也就是當「在忠臣傳裡　才能讀到」的主詞，國立編譯館把這句點一加，使得上面三句的意思完整，而下面兩句「在忠臣傳裡　才能讀到」究竟是什麼在忠臣傳裏才能讀到，句子便不通了。也就是說原本「那句話」是作為「也只有緣　才是你一生想說的」和「在忠臣傳裡　才能讀到」之間的橋樑，即使要加也只能加逗號才合理，我也曾向編譯館反映過，但並未改進。另外有一點與這個問題有關的，就是把

向天空
步步高升

合為一行也可以，這是作者的選擇。

也只有沿著堅硬的環節
向天空
步步高升

我之所以分成三行的原因是為了模擬竹子慢慢向天空高升時的速度感，所以分不分行作者都經過考慮。美國有一位詩人曾描述皮球從階梯跳下來的情況，余光中先生曾將該首詩譯為中文，在文字安排上就是一個字一行。

蹦
蹦
跳
跳
下
階
梯

這種排列方式就是在模擬皮球下階梯的狀況，給人的印象好像球真的蹦蹦跳跳地下了階梯。如果我們把它合併為一行也未嘗不可，但未若原詩的排列來得傳神，此為作者的考慮。我之所以分為三行，主要也是描寫步步高升的感覺，有時分行也只是為了如此因素而已。

問：為何以「渡也」為筆名？

答：我讀初中時日本片可以在台灣上映，後來為了保護國片才遭禁止，當時有一日本男影星叫渡哲也，他曾與石原裕次郎合組公司拍警匪槍戰的電視影集。當年他專演黑社會角頭老大，但卻是個除暴安良的人，我非常喜歡這個角色，我認為為人要正直，且要除暴安良，所以非常敬重他，雖然他只是個影星。我將「哲」字去掉，用頭尾二字，此為第一個原因。此外在中學時期我讀了不少佛經，雖然那時是囫圇吞棗，但也期盼自己能普渡眾生，「渡也」有渡人的意思。第三個原因就是我的母親是日本人，「渡也」二字很有日本味，我喜歡。我的身世與鄭成功有點相似，但是我的父親可不是海盜喔！

原載於《國文天地》第113期
民國83年10月，頁48～52

翻山越嶺，只為文學

——創作是陳啟佑一生的事業

鍾怡雯

對於初中二年級就立下大志當作家的詩人教授陳啟佑，創作是一生的事業。除了教書，他把大部分心力放在創作上，所以他能夠在三年內出九本書，包括評論、現代詩和散文集。形式多元之外，時間上更涵蓋古典與現代，對於一般喜愛現代文學的讀者，詩人「渡也」是一個熟悉的名字。

渡也和文學結緣，是因為在省立嘉義中學讀初中時，遇到一位很好的國文老師賀藩林。賀老師教了他三年國文，又當了兩年導師，非常照顧對文學有興趣的同學，在他們那班就栽培了兩位作家。由老師帶領閱讀文學作品，然後開始塗鴉，到高二便正式在《台灣日報》、《青年戰士報》、《文壇》雜誌陸續發表作品。渡也認為，國文老師對學生

的文學啟蒙非常重要，很多作家如向陽、蕭蕭都是受到國文老師的影響而邁入文學之路。他十分感激文學啟蒙的恩師，直到現在還和賀老師保持聯繫。

（作者提供）

◎陳啟佑說：「如果我向現實妥協，今天我就是一個商人。」

在文學創作的路途上，渡也是一個幸運兒。前輩作家羊令野、詩人張默、管管和瘂弦都曾提攜過他。唸高中的時候，他常常「翻山越嶺」，不計路途遙遠，只為和他們見上一面。譬如從嘉義騎機車到左營去看管管，瘂弦當時是《幼獅文藝》的編輯，渡也一樣搭六小時的火車到嘉義到台北看他。和他們見面不過是那麼短短的幾分鐘，卻覺得「和作家見面」的感覺非常過癮，心甘情願再坐六小時的火車回嘉義。

最令渡也難忘的「和作家見面」經驗，是去探訪蕭蕭。那時候蕭蕭就讀師大國文研究所，住在吳興街。他剛抵達，不巧蕭蕭正要出門，兩人只好在公車上聊天。到了台北車站，蕭蕭逕自前往目的地，他又搭車回嘉義。和心儀的作家見面，對一個懷抱滿腔創作熱情的「文學少年」，無疑是很大的衝擊。他也曾經流連武昌街的明星咖啡屋，只因為「聽說」那兒有很多作家，結果卻大失所望。回憶起那段日子，渡也也不禁要問自己：「不知道為甚麼那麼著迷？」

類似這種「傻勁兒」，還表現在渡也不惜走十公里的路去看書的事情上。初中時全家住在民雄鄉，他就讀省嘉中，平時通學。民雄鄉沒有好的書店，碰上放假，他只好到嘉義市看書。為了省下買書的錢，少年渡也不是走路就是騎腳踏車。走路來回共六小時，騎車兩小時。如此省下兩趟的車錢就可以買一本書。他也常常坐火車不買票，列車長一來就往後逃，為的也是省下買書錢。

渡也形容那時候去書店的心情就像「朝聖」。即使只看不買，也覺得很愉快，用「土法煉鋼」的方式找書買書，一點也不覺得苦。當然也不時和同學交換來看。

現在倍受父母呵護的小孩大概很難想像，渡也常常因為買書、塗鴉而被父親毒打。經商的父親反對兒子走上文學的路，渡也的塗鴉常被拿去燒，千辛萬苦買回來的書，下場也和塗鴉一樣。叛逆的渡也也常常為了看書買書和父親抗爭，「父親設了圍牆我就爬牆，設路障我就越過去。」他如是形容自己當時對文學的執著，「如果妥協了，今天我就是商人陳啟佑，不會有渡也這個筆名。」

正因為深深體會過堅持理想所付出的辛酸代價，渡也希望家長和老師不要把自己的期望加在孩子身上。工商社會的價值觀使父母希望孩子學理工、當醫生，卻沒有考慮到一個對文學有天份的孩子從事創作，其成就可能遠遠超出父母指引的路。

渡也喜歡竹，家裡也種了四盆竹子。「無竹令人俗，俗士不可醫」，竹子令渡也自覺高雅，也堅持以剛毅不屈，勇於向惡勢力挑戰的竹子為效法的榜樣。他的〈竹〉一詩是在文化大學讀碩二時寫的。當時他住在陽明山格致國中對面。那裡有個長滿竹子，叫下竹林的地方。舉目所見，四周盡是翠綠的竹子，每日和竹子相處、對談，他也用詩和散文捕捉竹子的靈動和自己的喜怒。

〈竹〉選入國中課本之後，每當他到國中去做教學輔導時，就會有老師說標點符號有問題。其實原詩沒有標點，課文上的標點是國立編譯館加的：

也只有緣，
才是你一生想說的，
那句話。
在忠臣傳裡，
才能讀到。

「那句話」底下可以是逗點，可是無論如何都不能加句號。加了句號之後，後面兩句沒有主詞，文法也不對，徒增老師在教學上的困擾。最令人匪夷所思的是教師手冊上對這首詩的詮釋——〈竹〉與文天祥的〈正氣歌〉扯上了關係。這委實令渡也百思不得其解。

成為課本上的作家之後，經常會收到學生的來信；到學校去做教學輔導也會有學生要求他簽名、拍照。也有老師把〈竹〉在考卷上所佔的分數、比例等資料寄給渡也，還不忘在考題上做記號。

最近八、九個月以來，由於教學課程的更動，再加上邀約不斷的演講、輔導以及評審工作，使渡也的創作量銳減。他在中興大學開了一門現代小說課，一學年四學分，彰師大也一樣有兩班小說課，卻是半學年三學分，由於進度不一，在準備教材上格外費心耗時。

儘管如此忙碌，他卻已開始計劃在未來的一、兩年內寫一本有關「應用文學」的書，嘗試把文學應用在生活的各個層面，如編輯、廣告、辦活動、選舉文宣。這幾年他發表了幾篇較短的相關論文，卻不滿意，覺得有待深化、系統化。

渡也自認為是書呆子，不懂得生活情趣，也不會遊山玩水，「我實在愧對妻兒。」他笑著調侃自己。四十三歲的渡也到過最遠的地方是花蓮，這也是他第一次出遠門。「我只喜歡呆在家裡看書」，隨即他又說：「這一點一定要改進。」

這樣一個「愧對妻兒」的人，對於創作卻是念茲在茲，在沒有作品的時候會感到焦慮、不安。他隨身攜帶紙條和筆，一有靈感馬上記錄下來。他認為人腦所記有限，而創作是一種創意，不把創意寫下，很快就會忘記。這個他自稱「壞習慣」的好習慣，打從大學起即已養成，把B4的紙裁成八分之一，就變成他的貼身「秘書」。據他的統計，二十幾年大概已用了幾十萬張紙。光是裁紙的功夫，就令人十分敬佩了。這樣鍥而不捨的耐心，其實就是沿襲少年渡也當年對文學的那分狂熱，以及執著。

原載於《國文天地》第129期
民國85年2月，頁58～61

小令中的天籟
——〈天淨沙〉

黃　克

王國維在他的《宋元戲曲史》中，把馬致遠的〈天淨沙〉視為元人小令之最佳者，評語是：「純是天籟，彷彿唐人絕句。」就情趣流暢、渾若天成的意義來說，確是公允之論。小令只有短短五句，二十八字：

枯藤老樹昏鴉，小橋流水人家，古道西風瘦馬，夕陽西下，斷腸人在天涯。

題名〈秋思〉，但全篇卻無一語道及其所「思」的內容。它只是排列一些孤零零的景物，並點明這些景物正是小令主人公「思」之寄寓所在。需要的是借助於讀者的理解和想像，把景物與主人公之間的內在聯繫——挖掘出來，然後才能最終達到對作者「秋思」內容的認識。

在作者鋪染的一系列景物中，首先出現的形象是枯萎的蔓藤和僵老的古樹，顯示了毫無生機的蕭瑟氣象。這時，一隻昏鴉——無精打采的烏鴉飛入畫面，呀呀地嘶叫着，撲打着翅膀，跌落在光禿禿的老樹枝上。這就在已經十分敗落的背景上又塗抹了一筆凄厲的色調。

但是，隨着畫面的延伸，卻出現了「小橋流水人家」這樣極為明淨的景色。潺潺的流水、纖巧的小橋、溫暖的茅屋，一切都是如此的安謐，就連那戶人家的歡聲笑語也如聞似見。猶如是「柳岸花明又一村」，於歷經昏暗之後，展示了一派勃勃生機。

按照我國傳統的技術表現手法，「以樂景寫哀，以哀景寫樂，一倍增其哀樂」（《李笠翁曲話》），那末，「枯藤老樹昏鴉」點染出來的「哀景」，正與「小橋流水人家」展示出來的「樂景」形成極為鮮明的對照。不過，因為二者平列，僅此二句尚難以判斷作者這種對照的用心，究竟是欲一倍增其哀，抑或一倍增其樂？這只有在下文推出聞見此景的主人公之後，才能得到正確的答案。

「古道西風瘦馬」，冒著凜冽的西風，一匹精疲力盡的瘦馬在荒郊古道上踟躕而行。雖然讀者尚不能正面識清主人公的面孔，但透過瘦馬的蹣跚形影，馬上遊子的凄苦之情卻已畢現無遺。於是乎，以上所列貌似對立的兩組景物，在這位異鄉羈旅人的眼底，便全然重疊起來。「枯藤老樹昏鴉」豈不正是自身心境的寫照？昏鴉棲落於枯枝與自己的尋覓歸宿，外境何其相似！愈見其情緒之悲涼。而出現在另一角落的「小橋流水人家」之所以給他以更有力的吸引，或許他的家鄉也是這樣的溫暖、安適、生意盎然，不過，遠在天邊，可望而不可即。以這種悲涼的心情來體味這一「樂景」，勢必會更添一重悲涼。「古道西風瘦馬」，只見他頂風策馬而行，一心要盡快離開這一「樂景」，以免沉浸於更深沉的痛苦之中。

值得注意的是，詩人特意點明了驛道年代之「古」，這不僅表明其今日的荒廢，更意味着此情此景為古往今來的羈旅中人所共同經驗。一個「古」字，把遊子的個人凄苦推及古今，足以引起讀者的豐富聯想和共鳴。而作者本人肯定是聯想得最深，共鳴得最強烈的一個。「夕陽西下」，處在日暮窮途，尚未覓得歸宿的時刻，作者不由發出悲哀的嘆喟：「斷腸人在天涯！」人生的旅途在於尋求理想的歸宿，可是對於這位遊子來說，海角天涯，一切却是這樣的渺茫；當思及此，怎不令人愁腸寸斷呢？

在最後一句，一反前文單純舖敘景物的格局，變成了直抒胸臆。而讀者在洞悉其胸襟之後，再來回顧前面舖陳的景物，才能豁然明瞭和深切感受每一景物都塗有這位天涯淪落人濃重的感情色彩。

要在短短的二十八字裏凝結如此豐富而跌宕的感情，並不是容易的事。為此，作者在語言設計上進行了一番慘澹經營。他把精心選擇出來的景物只用特定的名詞來標誌，而不用半字謂語作說明，正所謂點到而已。進而，他又把九個景物——也就是九個名詞平分成三組，每組景物裏都包括一個活生生的主角，用它來決定一組景物的情調和氣氛。枯藤、老樹，只有在昏鴉飛落下來的時候，才更顯出其敗落；小橋、流水，只有與人家連在一起，才更顯出其生氣；古道、西風，也只有在出現了瘦馬之後，才更添其淒涼，這樣就構成了一幅幅特色獨具的畫面。這些畫面，表面看起來是孤立的、靜止的，彼此之間似乎毫無關聯；僅僅通過這篇末點題，「斷腸人在天涯」，才告訴讀者：如上畫面乃是遊子眼中捕捉到的，它們無一不牽動着遊子的心弦。於是，孤立、靜止、互不聯繫的景物，一變而為提供給讀者馳騁想像羈旅之情的典型環境和廣濶空間。對立的景色協調起來了，靜止的物體浮動起來了，簡單的名詞也顯示了極為豐富的內涵。景景相連，物物含情，情景交融，達於化境，終而脫落出這樣一幅遊子斷腸的完整畫卷。

縱觀這首小令，字字句句皆出自匠心設計、巧意安排，然而全篇卻是自然有致、情趣天成，絲毫不落雕琢的痕跡。它得到「純是天籟」的評語，確實是當之無愧的。（轉載自《文史知識》一九八二年第三期）

原載於《國文天地》第46期
民國78年3月，頁76～77

「人家」與「平沙」

——馬致遠〈天淨沙〉的異文及其意境

曾永義

此篇本來是為回答〈解惑篇〉的一道問題而作，提問題的是讀者吳文仁先生，問題是「王國維的《宋元戲曲史》中的〈天淨沙〉和國民中學新課程國文第六冊第五課的元曲選中的〈天淨沙〉內容不同，請問那一個才是真正的〈天淨沙〉？」曾教授的回答，深入而周延，自成一篇精采的鑑賞之作，因此我們特別將它安排在本專欄當中。

——編者

枯藤老樹昏鴉，小橋流水人家，古道西風瘦馬。夕陽西下，斷腸人在天涯。

右邊這支〈天淨沙〉，一般被認作是元曲名家馬致遠的作品，寫秋天的情思，是一支很有名的小令，幾乎所有的散曲選本和文學史、散曲史都選錄引用它，尤其中學國文教科書一直選為教材，更是「家喻戶曉」。最近《國文天地》的讀者來函質疑，說王國維《宋元戲曲考》引錄此曲和現行國文教科書的文字有點不同，不同的地方是「小橋流水人家」，教科書作「小橋流水平沙」，到底那個才是正確。對於這位提出疑問的同學，我感到很欽佩，因為他不止好讀書，而且書讀得很仔細，尤其有疑必問，更合乎好學敏求之道。

上面這支〈天淨沙〉是根據《全元散曲》抄錄的，和王國維《宋元戲曲考》所錄完全相同，它的題目作「秋思」。《全元散曲》有這樣的校記：

> 《梨園樂府》無題，《中原音韻》、《詞林摘豔》、《堯山堂外紀》，題目俱作「秋思」。《庶齋老學叢談》於曲前書云：「北方士友傳沙漠小詞三闋。」餘二闋本書輯於無名氏曲中。外紀屬馬致遠，餘書不注撰人或作無名氏。《老學叢談》「枯」作「瘦」，「小橋」作「遠山」，「夕陽」作「斜陽」，「人在」作「人去」。《歷代詩餘》及《詞綜》引別本《老學叢談》，「人家」作「平沙」，「西風」作「淒風」。

可見這支曲子起碼有七種不同的版本，其間的「異文」不止「人家」和「平沙」而已；甚至於作者是否為「馬致遠」也大有問題。這是古書流傳久遠以後的「共同現象」，使讀書人為此增加許多麻煩的苦事。也就因為如此，我們讀古書才必須選擇好的版本，同時也要培養分辨「異文」優劣的能力。

國文教科書所以把「人家」作「平沙」，主要的理由料想是為了避免短短的一支曲子中，重複出現兩個「人」字，因為這是古人作詩填詞製曲所講求的技巧。但是，如果意義情境必須重複才益臻其妙的話，古人甚至於不惜違拗平仄聲情而取詞情的最高境界。即此而言，我個人就覺得此曲宜作「人家」，不宜作「平沙」。其說如下：

仔細品味這支曲子，它的好處是「言在耳目之內，情寄八荒之表。」用語精鍊，寫景淒美，寄意遙深。首三句著眼於九樣具體的實物，每三樣自成一組，各有恰如其分的形容詞加以修飾，於是秋日的原野就顯現出三幅最醒目的圖畫：一棵殘枝敗葉的老樹，上面纏繞著枯藤，在暮色蒼冥中，棲止著一隻孤零零的烏鴉。跨著淙淙的流水，大概是一條木板橋吧！那裏隱藏著一戶人家，屋裏正充滿著溫暖和團聚的喜悅。可是我這淪落異鄉遠在天邊的斷腸人，在西風吹拂下，騎著一匹瘦馬，踽踽於荒野古道之中，眼前只有夕陽的餘暉和無窮盡的旅途。烏鴉雖然孤零，倘有棲止的時候；我既已不如，豈敢更奢望像那流水繞屋、小橋曲徑的人家，那樣的歡聚，那樣的溫暖！唉！我的人生，只是一片永無止境的茫然而已。

這支曲子布局上的特色是：將首三六字句作鼎足對，句式是二、二、二的雙式，音節一波三折，平仄配合穩諧，意象具體工緻，而且相為映襯，以撥弦外之音。緊接而來的「夕陽西下」一句，則用潑墨法染成一幅淒麗的大背景，最後再將作為主題的「人」烘襯出來，於是境界開展，感慨深邃，盡在不言中矣！

而如果我們將「人家」兩字作成「平沙」，那麼「小橋流水平沙」，至多只是秋日原野中的一幅畫象而已，它既不能與前後兩幅畫象映襯，也不能見出「斷腸人在天涯」之所以淒楚，那麼情味就枯淡多了。所以個人以為此曲次句末二字宜作「人家」為佳。

最後附帶要說明的是：此曲末句宜讀作「斷腸、人在、天涯」，萬不可讀作「斷腸人、在天涯」。這是「音節形式」和「音義形式」必須分辨的問題（請詳拙作〈中國詩歌中的語言旋律〉，收入拙著《詩歌與戲曲》一書，台北聯經出版事業公司出版）。如果不相信，請讀下面兩支曲子：

孤村落日殘霞，輕煙老樹寒鴉，一點飛鴻影下。青山綠水，白草紅葉黃花。

鶯鶯燕燕春春，花花柳柳真真，事事丰丰韻韻。嬌嬌嫩嫩，停停當當人人。

右邊兩曲都是〈天淨沙〉，前者為白樸所作，後者為喬吉所作。請看其末句讀作「白草紅、葉黃花」嗎？能讀作「停停當、當人人」嗎？自然應當讀作「白草、紅葉、黃花」和「停停、當當、人人」。這兩支曲的情況是其「音節形式」和「意義形式」相同，所以容易辨識，不像「斷腸人在天涯」那樣兩不相合，容易使人誤入歧途。但無論如何，誦讀時必須遵守「音節形式」，這是「天經地義」的事，絕對馬虎不得。

原載於《國文天地》第50期
民國78年7月，頁79～80

通論

談國中的詞曲教學

陳滿銘

詞和曲，與詩一樣，都是我國最為精緻、優美的文學體裁，由於它們同樣地在或長或短的篇幅中，寄托豐富的思想、真摯的情意，表現出或柔或剛的多種意境，使人沈浸其中，百般加以玩味而不厭，比起一般散文來，可說更具有陶冶性情的價值，所以在整個國文教學上來說，它們是佔有相當重要的地位的。

一般而論，從事詞曲教學，須對它們的體製、格律、義旨、作法與風格，逐一探究，才能帶領學生深入欣賞的領域，以提高教學的效果。茲就國中國文課本所選詞曲為例，分別簡述於後。

一、體製

在從事詞曲教學時，首先要做的是：將詞曲的體製與淵源，大體上辨析清楚。

㈠以詞而言：可分三點加以說明。

1.以字數的多寡來說，有小令、中調、長調之分。這樣地把詞調分成三種形式的，最早見於《草堂詩餘》，但未作任何說明。到了清朝，毛先舒說：「五十八字以內為小令，五十九字至九十字為中調，九十一字以外為長調，古人定律也。」這種說法過於拘泥字數，也沒有足夠的依據，所以萬樹《詞律・發凡》說：「所謂定例，有何依據？若以少一字為短，多一字為長，必無是理。如〈七娘子〉有五十八字者，有六十字者，將名之曰小令乎？抑中調乎？如〈雪獅兒〉有八十九字者，有九十二字者，將名之曰中調乎？抑長調乎？」可見單以字數來分，是不十分妥當的。因此王了一先生說：「最初的詞，大約是由近體律絕增減而成。……凡是和律絕的字數相差不遠的詞，都可以稱為小令。我們以為詞只須分為兩類：第一類是六十二字以內的中令，唐五代詞大致以這範圍為限；第二類是第六十三字以外的『慢詞』，包括《草堂詩餘》所謂的中調和長調，它們大致是宋代以後的產品。」（《漢語詩律學》）這種配合詞體發展順序加以區分的說法，似乎較為可信。不過，以國中課本所選的四首詞來說，無論用毛先舒或王了一的分法，都不會產生不同的結果，因為〈南鄉子〉（乘彩舫）、〈相見歡〉（金陵城上西樓）、〈西江月〉（明月別枝驚鵲），都在五十字以內，是小令，〈滿江紅〉（怒髮衝冠）共九十三字，是長調，卻沒有所謂的「中調」。

2.**以分段情形來說**，有單調、雙調、三疊、四疊之分。單調是指全篇僅一段者，如〈如夢令〉、〈憶江南〉便是；雙調是指全篇分成兩段者，如〈蝶戀花〉、〈菩薩蠻〉便是；三疊是指全篇分成三段者，如〈瑞龍吟〉、〈蘭陵王〉便是；四疊是指全篇分成四段者，如〈鶯啼序〉便是。以國中國文課本所選的四首詞，除〈南鄉子〉為單調外，其餘的〈相見歡〉、〈西江月〉、〈滿江紅〉等，全屬雙調。

3.**以結構方式來說**，有換頭、不換頭、雙拽頭之分。換頭是說上下片首句字數不同，如〈滿江紅〉上片的首句是四字，下片的首句為三字，各不相同；又如〈相見歡〉上片的首句作六字，下片的首句作三字，也各不相同，都是屬於換頭的調子。不換頭是指上下片的字數完全相同，如〈西江月〉上下片的首句均為六字，就是很好的例子。至於雙拽頭，是說三疊詞的前兩疊較短，而句法相同，猶如第三疊的雙頭，如周邦彥的〈瑞龍吟〉：

章臺路，還見褪粉梅梢，試花桃樹。愔愔坊陌人家，定巢燕子，歸來舊處。
黯凝佇，因念箇人痴小，乍窺門戶。侵晨淺約宮黃，障風映袖，盈盈笑語。
前度劉郎重到，訪鄰尋里，同時歌舞，惟有舊家秋娘，聲價如故。吟箋賦筆，猶記燕臺句。知誰伴，名園露飲，東城閑步，事與孤鴻去。探春盡是、傷離意緒。官柳低金縷，歸騎晚，纖纖池塘飛雨。斷腸院落，一簾風絮。

其中「章臺路」至「歸來舊處」是第一疊，「黯凝佇」至「盈盈笑語」為第二疊，兩疊不但句法相同，字數也相同，合起來還沒第三疊字數多，恰好可以作為第三疊的雙頭，因此〈瑞龍吟〉可以說是用標準雙拽頭形式所構成的一個調子。

㈡以曲而言：它的體制，可用左列簡表來說明：

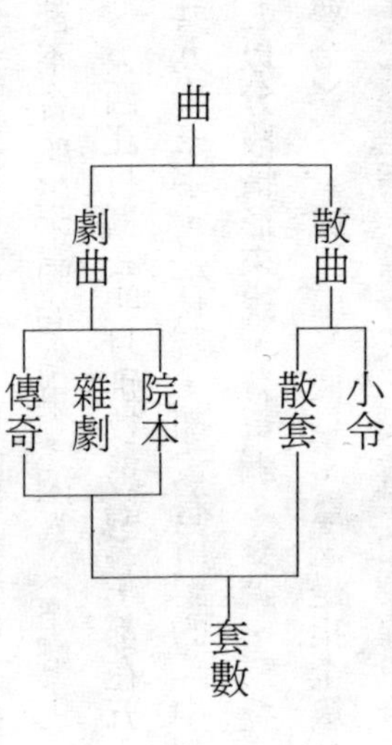

對於這個簡表，黃麗貞教授在其〈曲學概說〉一文中曾作這樣的說明：「散曲是純抒情性的文體，作者純粹站在抒發情思、題詠性靈的立場來寫作，和詩、詞的性質無異，是正統韻文的一環；一般人所稱：唐詩、宋詞、元曲，指的是散曲。散曲之下的小令是以一支為單位，在曲體中是最短的一種；散套是聯合二至三調以上的歌詞，構成一個套式的曲子。劇曲的內容，是綜合故事的情節、歌詞、說白、動作四種要素所構成，也就是演故事的歌舞劇。四者之中，以歌詞為主，全劇的歌詞，是由許多套曲匯疊而成，這些交代劇情的套曲，稱為『劇套』，並且完全按照劇情的發展來寫，前後劇套必須密切聯繫，還要使用『代言體』。劇曲下又分院本、雜劇、傳奇，是組織的體例有不同，雜劇較短，傳奇較長。」根據這種體製來看國中國文課本所選〈四塊玉〉（舊酒沒）、〈天淨沙〉（枯藤老樹昏鴉）、〈水仙子〉（一江煙水照晴嵐）、〈枯葉兒〉（薔薇徑）等四首元曲，全是小令，既無散套，也沒有雜劇、傳奇。

二、格律

詞曲的格律，可從平仄、韻叶與格式（圖譜）等三方面加以說明。

㈠平仄：詞曲的平仄，除了詞和南曲有入聲而國語卻沒有外，其餘的大致和現行的國音吻合，即平就國音的第一、二聲，仄就是國音的第三、四聲，教學時只要稍予提示即可。而入聲則先得配合方音，或採其他方法（如字在那一聲母、介音、韻母下逢那一種聲調最容易出現入聲），指導學生來辯識，再配合國音，指導學生適當的讀法。筆者從十數年前，即主張在讀古典詩歌（北曲除外）之際，將入聲牽就國音，讀成輕聲，再予強化，以儘量保存古典詩歌之聲情，這樣採變通的辦法來讀入聲，當然是有點牽強的，但這可說是沒有辦法中的辦法啊！

㈡韻叶：以分韻的情形而言，詞以分十九韻部的《詞林正韻》、曲以分十九韻部的《中原音韻》，最受肯定與歡迎。國立台灣師範大學國文系師生所合編的兩部工具書《詞林韻藻》與《曲海韻珠》，即據此酌加名家作品的例詞、例句編成，作為押韻的依據，對初學詞曲的人來說，是最為適用、方便的。而押韻的方式，則詞有平單押、入單押、上與去可通押的限制，如朱敦儒的〈相見歡〉詞，平韻的部分，押的是第十二部的韻，韻字是樓、秋、流、收、州；仄韻的部分，押的是第七部的韻，韻字是亂、散。再如辛棄疾的〈西江月〉詞，平韻的部分，押的是第七部的韻，韻字是蟬、年、前、邊；仄韻的部份，押的是第七部的韻，韻字是片、見。又如李珣的〈南鄉子〉詞，平韻的部分，押的是第二部的韻，韻字是塘、鴦；仄韻的部分，押的是第八部的韻，韻字是笑、窕、照。末如岳飛的〈滿江紅〉詞，押的是第十八部的入聲韻，韻字是：歇、烈、月、切、雪、滅、缺、血、闕。而曲（北曲）則平仄皆可通押，如關漢卿的〈四塊玉〉曲，押的是第二部的歌戈韻，韻字是沒、潑、呵、和、鵝、活。再如馬致遠的〈天淨沙〉曲，押的是第十三部的家麻韻，韻字是鴉、沙、馬、下、涯。又如張養浩的〈水仙子〉曲，押的是第十九部的廉纖韻，韻字是：嵐、檐、淡、三、簾、颭、南。末如張可久的〈梧葉兒〉曲，押的是第八部的寒山韻，韻字是闌、關、綻、乾、板。至於押韻的部位，詞和曲都一樣不固定，隨著詞牌、曲牌的不同，而有所不同，這和近體詩二、四、六、八句必押，首句可押可不押的情形，是不一樣的。

㈢**格式**：詞調和曲調的數目相當的多，而每一詞調和曲調都各有不同的平仄、句法、韻叶與句數。字數則詞趨於固定（同一詞調而言），而曲則可因襯字而加以調整。茲將國中國文課本所選八首詞、曲的格式，分別列舉如左：

南鄉子

—｜｜句｜｜—韻＋—＋｜｜——叶＋｜＋——｜｜換仄
乘彩舫　過蓮塘　棹歌驚起睡鴛鴦　遊女帶花偎伴笑
——｜叶仄＋｜＋——｜｜叶仄
爭窈窕　競折團荷遮晚照

相見歡

＋—＋|——韻|——叶＋|＋——|豆|——叶＋＋|換仄＋＋|叶仄

金陵城上西樓　倚清秋　萬里夕陽垂地　大江流　中原亂　簪纓散

|——叶平＋|＋——|豆|——叶平

幾時休　試倩悲風吹淚　過揚州

西江月

＋|＋——|句＋—＋|——韻＋—＋||——叶＋|＋——||換仄叶

明月別枝驚鵲　清風半夜鳴蟬　稻花香裡說豐年　聽取蛙聲一片

＋|＋——|句＋—＋|——叶平＋—＋||——叶平＋|＋—||換仄叶

七八個星天外　兩三點雨山前　舊時茆店社林邊　路轉溪橋忽見

滿江紅

＋|——句＋＋|豆＋—＋|韻＋＋|豆＋——|句|—＋|叶

怒髮衝冠　憑欄處　瀟瀟雨歇　抬望眼　仰天長嘯　壯懷激烈

＋|＋——||句　＋—＋|——|叶|＋—豆＋||——句——|叶＋＋|

三十功名塵與土　八千里路雲和月　莫等閒　白了少年頭　空悲切　靖康恥

句—+|叶++|句——|叶++—||句|——|叶+|+——||句+—
猶未雪　臣子恨　何時滅　駕長車踏破　賀蘭山缺　壯志飢餐胡虜肉　笑談
+|——|叶|+—豆——||——句——|叶
渴飲匈奴血　待從頭　收拾舊山河　朝天闕

四塊玉

+|—韻——|叶+|——|——叶△+—+|——|叶△△+|—句
舊酒沒　新醅潑　老瓦盆邊笑呵呵　共山僧野叟閒吟和　他出一對雞
△△+|—叶—去上叶
我出一個鵝　閒快活

天淨沙

+—+|——韻+—+|——叶+|——去上叶+——去叶+—+|——叶
枯藤老樹昏鴉　小橋流水平沙　古道西風瘦馬　夕陽西下　斷腸人在天涯

水仙子

+|+||——韻+|——||—叶+—△+|——去叶+—+去上叶
一江煙水照晴嵐　兩岸人家接畫檐　芰荷叢一段秋光淡　沙鷗舞再三

△——+|——叶△△△——|句△△△+⊥叶+|——叶

捲香風十里珠簾　畫船兒天邊至　酒旗兒風外颭　愛煞江南

梧葉兒

——去句+|⊥韻+||——叶△△——去叶△△+|——叶△△|——叶

薔薇徑　芍藥闌　鶯燕語間關　小雨紅芳綻　新晴紫陌乾　日長繡窗閒

+|——去⊥叶

人立秋千畫板

（以上聲調符號，平聲作—，仄聲作|，可平可仄作十，可平可上作⊥，上聲作上，去聲作去。至於襯字則作△。曲的部分，參見賴橋本教授〈朝曲的格律〉）

三、義旨

處理了格律後，便要對作品本身的內容作深入的探究了。要深究內容，最主要的是掌握它的主旨。一般說來，對於一篇的主旨，作者不是把它安置在篇首、篇腹、篇末，就是安置在篇外。

安置於篇首的，通常都形成先總括、後條分的格式，如韋莊的一首〈菩薩蠻〉詞：

> 紅樓別夜堪惆悵，香燈半掩流蘇帳。殘月出門時，美人和淚辭。
> 琵琶金翠羽，絃上黃鶯語。勸我早歸家，綠窗人似花。

這首詞的主旨為「別夜惆悵」（即別恨），就在起句交代明白。這是「總括」的部分。接著先以「香燈」句，就「紅樓」寫夜別的所在，為夜別安排一個適當的環境；再以「殘月」兩句，藉「殘月」與「淚」，具體地寫在門外夜別的惆悵，這是「條分一」的部分。然後於下片，承「香燈」句，追敘在樓上夜別的情景，經由美人之琵琶與言語，將「別夜惆悵」再從中帶出來，這是「條分二」的部分。作者用這種先總括、後條分的形式來寫，使人讀後，也不禁為之惆悵不已。

安置於篇腹的，在詩歌裡相當常見，所謂的「腹」，不單指正中央，也包括中央偏前或偏後在內。國中國文課本所選的〈滿江紅〉與〈相見歡〉詞，就是很好的例子，就以〈滿江紅〉來說，作者在開端四句，藉憑欄所見「瀟瀟雨歇」的外在景致與當時「怒髮衝冠」、「仰天長嘯」的本身形象，具寫了壯懷之激烈。「三十」兩句，由果而因，先就過去，分敘「壯懷激烈」的頭一個原因，在於征戰南北，功業未成。「莫等閒」兩句，承上兩句，再就未來，分敘「壯懷激烈」的另一個原因，在於時日已無多，深悲自己會

「白了少年頭」。換頭四句，承上片的「壯懷激烈」，總括上兩個分敘的部分，寫國恥未雪的憾恨，拈明一篇的主旨，直接將一腔壯懷，噴薄傾吐。「駕長車」三句，則由實轉虛，透過設想，虛寫驅車滅敵、湔雪國恥的情景，真可謂「氣欲凌雲，聲可裂石」。結尾兩句，依然以虛寫的形式，進一層寫湔雪國恥後，朝覲天子的理想結局，以收拾全詞。有人認為這首詞的主旨不在「靖康恥」四句，而是在收結三句，這可能是忽略了詞中虛實的關係，按常例，「虛」的部分只是用來增強「實」的部分之情味力量而已，是不可能出現主旨的。

安置於篇末的，與安置於篇首的正相反，大都形成先條分、後總括的格式。如國中國文課本所選的〈四塊玉〉、〈天淨沙〉、〈水仙子〉等曲，便是這樣。就以〈水仙子〉來說，作者先以「一江」兩句，分水上與陸上，寫「照晴嵐」的一江煙水與「接畫檐」的兩岸人家，這是「條分一」的部分；再以「芰荷」三句，就水上寫江煙水中的秋荷與沙鷗，就陸上寫「畫檐」下迎著春風的十里珠簾，這是「條分二」的部分；接著以「畫船兒」兩句，就水上寫來自天邊的畫船，就陸上寫風外飛舞的酒旗，這是「條分三」的部分。就這樣一水一陸地將江南美好的景物鮮明地描繪出來，然後結以「愛煞江南」一句，以回抱全詞作收，這是「總括」的部分。這裡所謂的「愛煞江南」，正是一篇之主旨啊！

安置於篇外的，可說最合乎含蓄的要求，即所謂「不著一字，盡得風流」，在古今人的作品裡，是很常見的。就以國中課文所選的詞曲來說，便有三首，即〈西江月〉、〈南鄉子〉二詞與〈梧葉兒〉曲，其中〈梧葉兒〉，寫的是春日所見的景物，依次是：「闌」、「徑」旁的薔薇與芍藥、「語間關」的鶯與燕、小雨後的紅芳與紫陌、閒靜的繡窗與站在秋千畫板上的人。作者就透過這些，從篇外表出孤單之情來，而這種孤單之情，可由他所見之紅芳〈含薔薇與芍藥〉、鶯燕與秋千透出一些消息，因為花往往用以象徵所思念之人，而鶯燕，一由於唐金昌緒有詩說：「打起黃鶯兒，莫叫枝上啼；啼時驚妾夢，不得到遼西」，由於往往成雙，最適合於用來反襯孤單，所以和離情都結了不解之緣；至於秋千，見了就自然會想起當年盪此秋千之人，更與人的相思脫不了關係，王國維「一切景語皆情語」（《人間詞話》）的話，是說得一點也沒錯的。

如果掌握了這些置於篇內、外的主旨，便可進一步地用以貫穿全篇的內容材料，將抽象的主旨與具體的內容材料融成一體，以徹底了解作品的真正義旨。

四、作法

探明了義旨後，就要審辨作法。審辨作法，可將重點置於修辭與章法上。

㈠修辭：修辭的方式有多種，見於國中課本所選八首詞曲裡的，約有下列幾種：一為借代，如〈相見歡〉詞以「簪纓」借指達官顯要；二為轉化，如〈相見歡〉詞的「試倩悲風吹淚」，將風加以擬人化；三為對仗，如〈西江月〉詞之「明月別枝驚鵲，清風半夜鳴蟬」與「七八個星天外，兩三點雨山前」、〈四塊玉〉曲之「舊酒沒，新醅潑」、〈梧葉兒〉曲之「薔薇徑，芍藥闌」與「小雨紅芳綻，新晴紫陌乾」、〈天淨沙〉曲之「枯藤老樹昏鴉，小橋流水平沙，古道西風瘦馬」（鼎足對）等；四為倒裝，如〈西江月〉詞之「稻花香裡說豐年，聽取蛙聲一片」與「舊時茆店社林邊，路轉溪橋忽見」、〈滿江紅〉詞之「靖康恥，猶未雪」與「臣子恨，何時滅」等；五為摹寫，如〈水仙子〉曲（末句除外）與〈梧葉兒〉曲全篇。對於這些修辭的技巧，不但要讓學生辨識，還要引導他們去了解它們各自的作用，以使他們能進而運用到自己的寫作上來。

㈡**章法**：所謂的章法，是指文章構成的型態，也就是將句子組合成節、段，由節、段組合成篇的一種方式。這種方式，就其基本、共通的幹身而言，可用三個原則加以概括：那就是秩序、聯貫、統一。

以秩序來說，如〈西江月〉詞的上片，寫的是作者「夜行黃沙道」時所聽到的各種聲音，先是別枝上的鵲聲，再來是清風中的蟬聲，最後是稻香裡的蛙聲；而下片寫的則是「夜行黃沙道」時所見到的各種景物，先是天外的疏星，再來是山前的雨點，最後是橋後的茆店；就這樣依「由小而大」（上片）、「由遠而近」（下片）的順序，將鄉村夜晚的一幅恬靜畫面描摹得極其生動，這當然是很合乎秩序的原則的。又如〈天淨沙〉曲，先就空間，以「枯藤」兩句寫道旁所見，以「古道」句寫道中所見；再就時間，以「夕陽」句指出是黃昏，以增強它的情味力量；然後由景轉情，點明浪迹天涯者的悲痛——「斷陽」作結，這顯然也是很合乎秩序的原則的。

以聯貫來說，如〈四塊玉〉曲，先提新酒，次提酒具，再提酒友，然後就友、我，提各自提供的下酒菜餚，就這樣由「笑呵呵」而「閒吟和」而「閒快活」，將全曲聯貫成一體，產生出最大之感染力來。

以統一來說，如〈相見歡〉詞，為一感懷故國之作。起首「金陵」兩句，記清秋時自己在金陵（今南京市）登樓遠眺的情事，作為敘寫的開端；「萬里」兩句，承寫登樓所見，以夕陽西下時故國河山之壯麗，襯托出一己悲涼的心緒；謝朓〈暫使下都夜發新林至京邑贈西府同僚〉詩說：「大江流日夜，客心悲未央。」所謂「客心悲未央」不正是作者此刻的寫照嗎？換頭五句，寫登樓所感，其中「中原」三句，寫中原沈淪、仕族逃散、不知幾時才能收復的悲歎，暗暗地對南宋朝廷不圖恢復表示自己的憤懣與斥責，以拈出一篇之主旨；「試倩」兩句，以風為媒介，將自己與中原連在一起，表達出對中原百姓的關懷與家國淪亡的沈痛，寫得感情激越，熾熱動人。從形式看，這是先寫景、後抒情的一首作品，但景中寫情，情中有景，全針對著「中原亂」三句來寫，使得全詞維持一致的情景，是無法拆開的。

五、鑑賞

對作法作了探討後，就已為鑑賞打好了基礎。一般說來，鑑賞可分為如下兩種：

㈠、**藝術的鑑賞**：這是藉若干事理景物作媒介，引發學生想像力與體會力，以領略作品情味的一種鑑賞。如〈南鄉子〉詞，寫的是粵女遊湖時天真活潑的畫面。全詞以遊女為中心，由她們的「棹歌」、「偎伴笑」、「折圓荷」、「遮晚照」的動作，串成一線，而用「綵舫」、「蓮塘」、「鴛鴦」等作點綴，構成一幅清新愉悅的地方風物圖，讀來令人賞心悅目。欣賞作品時，我們可用荷池、綵舟、少女遊湖時相關圖片作媒介，透過想像，帶領學生，超越時空，去捕捉作者當年所見情景，而與作者產生共鳴。

㈡、**風格的鑑賞**：這是就氣象、詞藻、情味等方面作深一層玩味的一種鑑賞。剛健如〈相見歡〉詞，婉約如〈西江月〉詞，這是就氣象來看的；質實如〈四塊玉〉與〈天淨沙〉曲，絢爛如〈南鄉子〉詞與〈水仙子〉曲，這是就詞藻來看的；含蓄如〈梧葉兒〉曲，奔薄如〈滿江紅〉詞，這就是情味來看。對於這些，如能指引學生一一加以揣摩玩味，自然就可使學生進一步地體會出作品的好處來。

除此而外，在教學時，對作者所處的時代與背景，能作必要的說明，以掌握作者創作的動機，再加上適當的吟誦，相信會收到更大的教學效果。

原載於《國文天地》第103期
民國82年12月，頁88～95

談近體詩的欣賞

——以國中國文課本所選作品為例

陳滿銘

一、前言

兩年多以前，邱燮友教授和筆者，曾應國立臺灣師範大學人文教育中心之約，編寫過〈古典詩歌〉（絕句篇與律詩篇）的腳本，製成了兩卷錄影帶，這兩卷錄影帶推出後，頗受一些國中國文教師的歡迎，但其中有部分關鍵性的語句，因為沒打上字幕，不容易聽得清楚，所以有些教師便要求提供腳本，以助了解。由於腳本太繁瑣了，因此在這兒，特以〈談近體詩的欣賞〉為題，將它改寫成一般文章的形式發表，以供大家參考。

眾所周知，我國古典詩歌，從其形式結構而言，齊言的詩，可分為三大類：一是古體詩，二是樂府詩，三是近體詩。其中古體詩，只求押韻，句數既不受限制，而平仄也不必考究，如《昭明文選》中的〈古詩十九首〉和陶淵明的〈詠荊軻〉就是。而樂府詩除了要押韻、句數也不受限制外，又必須合樂，以供歌唱，如漢樂府的〈飲馬長城窟行〉和元代翁森的〈四時讀書樂〉便是。至於近體詩，則脫胎於六朝的短詩，至唐代始形成，形成後即與古體詩相對待。它有一定的句法、字數，每字的平仄既要受限制，用韻也比古體詩嚴格，而且律詩還要講求對仗。依其形式，它又可分為三類：絕句、律詩與排律。在國中國文課本中，只選了絕句和律詩。以下就分絕句和律詩，分別談談欣賞它們時所應曉得的常識與注意的一些事項。

二、絕句

絕句共有四句，每句五個字的，稱為五言絕句；每句七個字的，稱為七言絕句。絕句的格律，有平起和仄起的變化，在用韻和平仄上，也有嚴格的限制。例如唐人王之渙的〈登鸛鵲樓詩〉，便是一首仄起平韻的五言絕句，它的格律是這樣子的：

｜｜——｜　——｜｜—

白日依山盡，黃河入海流（韻）。

｜——｜｜　｜｜｜｜｜

欲窮千里目，更上一層樓（韻）。

又如唐人張繼的〈楓橋夜泊〉，是一首仄起平韻的七言絕句，它的格律是：

｜｜———｜—

月落烏啼霜滿天（韻），

——｜｜｜——

江楓漁火對愁眠（韻）。

———｜——｜

姑蘇城外寒山寺，

｜｜——｜｜—

夜半鐘聲到客船（韻）。

由於絕句是由四句構成的小詩，所以它正好具有起、承、轉、合的結構。它以兩句為一單元，稱為一聯。起、承為一聯，轉、合為一聯。其中起、承，意義要一貫；而轉、合，則要靈活，也是一首詩的精華所在。就以唐人盧綸的〈塞下曲〉來說吧：

月黑雁飛高（起），單于夜遁逃（承）。
欲將輕騎逐（轉），大雪滿弓刀（合）。

這是一首邊塞詩，描寫的是塞外官軍夜晚英勇追敵的情景。頭兩句為一聯，寫敵軍的潰逃：首句「月黑雁飛高」為起句，形容氣候的惡劣，其中「月黑」表示無光，「雁飛高」表示無聲，是潛逃的最好時機。次句「單于夜遁逃」為承句，形容敵軍趁夜脫逃。前句是因，後句是果，因果意義一貫，不可拆開。三、四兩句又自成一聯，寫我軍逐敵的情景：第三句「欲將輕騎逐」為轉句，敘我軍想要用輕騎去追敵；第四句「大雪滿弓刀」為合句，敘追敵時，弓刀上都沾滿了雪花，表現出我軍的英武氣概，把詩的張力拓到極處，以收束全詩。

我國的短詩或小詩，都用以捕捉詩人瞬間的感受，如五言絕句共二十個字，七言絕句共二十八個字，用這樣短小的篇幅，卻要容納極其複雜的情景，從而做到「言有盡而意無窮」的地步，確是不容易的。一般說來，詩人的感受是特別靈敏的，他往往受外界情景的刺激，引發感觸，而有寫詩的衝動，也就是一般人所謂的靈感。詩人就抓住這瞬間的感受，將外在的情景加以濃縮、挑選，取得最具代表性的景物或事物，與自己內在的情意相應合，再透過藝術的技巧來表達，便構成一首詩了。例如王之渙的〈登鸛鵲樓〉詩，在作者登上鸛鵲樓時，所看到的景象很多，結果他只挑選「依山盡」的「白日」、「入海流」的「黃河」作為代表，而把其他登樓所見的景色都捨去不談了。而這種「白日依山盡」、「黃河入海流」的景象，深深地引發了詩人無限的感觸。他面對如此壯闊的景色、雄渾的氣勢，自然地使他有了深一層的感受，從而開拓了高大遠矚的胸襟，並激發出向上進取的精神，於是寫下「欲窮千里目，更上一層樓」的佳聯。如今「更上層樓」便成了勸人不斷向上、向善提昇的一句成語了。所以詩的含義該是多樣性的，詩人往往將日常生活的種種事實，轉化為人生境界的了悟。「欲窮千里目，更上一層樓」，在字面上，只是敘明登樓的現象，而實際上，卻藉以說明人生境界的提昇，因而這兩句詩的含義是多樣的、深遠的，特別耐人尋味。這樣在文字上既極精美，在意義上也含蓄而不露，有著無盡的韻味。所以在短詩或小詩要做到「言有盡而意無窮」的地步，才能顯現出它的特色。

由於字數的不同，七言是要比五言在內容上更豐富一些的。因為在文字上，每句多了兩個字，使得它在內容上所能包羅的意象和情意也更為擴大而寬廣了。例如李白的〈黃鶴樓送孟浩然之廣陵〉詩：

故人西辭黃鶴樓，煙花三月下揚州。
孤帆遠影碧山盡，惟見長江天際流。

這是一首送別的詩。這類的詩，通常都要把送別的地點、時間和所要去的地方交代清楚。最主要的，當然是要把送別的情意表達出來。就以這首詩來說，第一句「故人西辭黃鶴樓」，已將送別的人和送別的地點敘述明白；第二句「煙花三月下揚州」，承起句，敘出送別的時間和友人擬前往的地方。就這樣由一、二兩句，將詩題「黃鶴樓送孟浩然之廣陵」交代得一清二楚。末兩句，描寫的是送友人所見的景象。作者在黃鶴樓上送別友人，等到友人坐船走後所見到的景物很多，而他卻只用「孤帆遠影碧山盡，惟見長江天際流」之景，襯托出自己在友人離去後的孤寂和思念的情意。其中「孤帆」的「孤」，寫出友人走後的孤寂；「遠影碧山盡」的「遠」和「盡」，暗示作者久立遠眺、依依不捨的心情；而「惟見長江天際流」，則進一步地襯托出別情之綿綿不盡，所謂「融情於景」，已分不清何者是景、何者為情了。這樣的一首七言詩，如果每句減少兩字，改成如下五言詩：

客辭黃鶴樓，三月下揚州。

帆影碧山盡，長江天際流。

那麼，它無論在意象、情意或韻味上來說，都顯然要比原詩遜色許多，可見每句多出兩字，是會更有迴旋餘地的。

談了字數對詩境、詩意的影響後，我們來談談詩趣。南宋嚴羽在《滄浪詩話》裡說：「詩者，吟咏情性也。盛唐諸人，惟在興趣。」也就是說：詩歌以抒寫性情為主，而它的表達方式是重趣味的。這種詩趣，很早就受到人的重視，譬如在《東坡志林》裡便特別提到了「奇趣」，而清人吳喬在《圍爐詩話》裡更分析詩趣的產生，是由於詩人常寫些「反常而合道」的話的結果。因此「獨釣寒江雪」、「月落烏啼霜滿天」、「朝辭白帝彩雲間」是詩；而「獨釣寒江魚」、「月落烏啼霜滿地」、「朝辭白帝碼頭間」，便是徒具詩的形式，而缺乏「反常而合道」的詩趣，這樣就不是詩，而是散文了。

如以詩趣來看張繼的〈楓橋夜泊〉，它從頭到尾所呈現的是一幅畫趣。畫趣要靠各種景物來構成，而外在的景物又必須和內在的情感相結合。由於詩題是「楓橋夜泊」，作者便從夜泊楓橋時之所見所聞著筆。他特地選「月落」、「烏啼」、「霜滿天」、「江楓」、「漁火」、「鐘聲」等入詩。詩中提到「月落」，便有思鄉之情；提到「烏啼」，便有分離的暗示；「霜滿天」的「霜」，具有別後的淒寒；而江邊的楓樹與漁船上捕魚的火炬，則將前句白色的色調轉變為次句紅色的色調，除顏色上形成對比外，又與作者徹夜未眠、眼絲泛紅的樣子相互映照，使作者思鄉之情更趨濃烈。接著透過姑蘇城外寒山寺的鐘聲，讓作者一夜盈繞耳際，把不眠的客愁，隨著寒夜的鐘聲迴蕩心頭。作者就這樣用視覺意象與聽覺意象，一動一靜，構成了動人的詩趣。

談過了絕句的字數、平仄、結構、意境與趣味後，讓我們來談談它的用韻與對仗，作為結束。絕句的用韻是這樣的：在第二句及第四句的末字，必定要押韻；有時在第一句的末字，也可以押韻，以使聲韻更趨和諧。僅在二、四句用韻的，如王之渙的〈登鸛鵲樓〉詩，韻字為「流」、「樓」二字。除了二、四句用韻外，首句也有用韻的，如盧綸的〈塞下曲〉，韻字為「高」、「逃」、「刀」；又如李白的〈黃鶴樓送孟浩然之廣陵〉詩，韻字是「樓」、「州」、「流」；又如張繼的〈楓橋夜泊〉，韻字是「天」、「眠」、「船」。至於對仗，絕句是不講求的，但偶而一聯或兩聯對仗，也能形成詩歌的對稱之美。就以國中國文課本第一冊所選的四首絕句來說，除〈登鸛鵲樓〉詩外，其他三首都由散句組成，而沒有對仗，惟有〈登鸛鵲樓〉詩一首，前後兩聯均兩兩對仗，相當工穩，可算是「律絕」了。

三、律詩

律詩與絕句一樣，都是小詩。但絕句只共四句，而律詩則多一倍，共有八句。律詩除了比絕句多四句外，還必須在中間兩聯加以對仗。因此律詩在我國的詩歌中，是最具形式和音韻之美的。

首先我們來看孟浩然的〈過故人莊〉詩：

│┬┴─│　─││──
故人具雞黍，邀我至田家。
││──│　──││─
綠樹村邊合，青山郭外斜。
──┴┬│　│││──
開軒面場圃，把酒話桑麻。
││──│　──││─
待到重陽日，還來就菊花。

這首詩在二、三兩聯的部分，是構成對仗的。其中「綠樹村邊合」對「青山郭外斜」，「開軒面場圃」對「把酒話桑麻」。一般說來，構成對仗的首要條件是：上下兩句，字數相同，但平仄要相反。例如「綠樹」一聯，上句與下句，字數完全相同，而平仄卻正相反，是標準的對仗句。聽說從前有一位國中教師，讓學生練習做詞語的對仗，題目是「千里馬」（平仄仄），結果有的對「一個人」（仄仄平）、「三隻狗」（平仄仄），這些在平仄上都不合標準。因為對仗的詞語必須是「仄平平」，所以有人對「一枝花」（仄平平）、「九秋霜」（仄平平），那就合乎對仗的要求了。

對仗除了對仗句的詞語在平仄上要相反外，其詞性也必須相同，如「開軒」的「開」和「把酒」的「把」、「面場圃」的「面」和「話桑麻」的「話」，都是動詞，而「軒」和「酒」、「場圃」和「桑麻」，都是名詞。除了詞性必須相同外，對仗句的詞語還要進一步地要求實字對實字、虛字對虛字、地名對地名、顏色字對顏色字、數目字對數目字等等。例如剛才所舉的「綠樹」一聯，便是實字對實字的例子。又如杜甫〈聞官軍收河南河北〉詩的「卻看妻子愁何在，漫卷詩書喜欲狂」一聯，其中「卻」與「漫」、「何」與「欲」相對，是虛字對虛字的例子。再如王維〈觀獵〉詩的「忽過新豐市，還歸細柳營」一聯，其中「新豐市」與「細柳營」，是地名對地名的例子。至於顏色字對顏色字、數目字對數目字的例子，隨處可見，在這裡就不再贅舉了。

由於律詩是由八句四聯所構成的，也合乎起、承、轉、合的條件，其中首聯（起）和尾聯（合），不必對仗，二（承）、三（轉）兩聯則必須對仗。就以王維的〈觀獵〉詩來說，便是一首五言律詩，它的格律是：

⊤||——　——||—

風勁角弓鳴（韻），將軍獵渭城（韻——起）。

⊥——||　||+——

草枯鷹眼疾，雪盡馬蹄輕（韻——承——對仗）。

||——|　——||—

忽過新豐市，還歸細柳營（韻——轉——對仗）。

——⊥⊤|　⊤||——

迴看射雕處，千里暮雲平（韻——合）。

這是一首仄起格，首句押韻的五言律詩。其第二、四、六、八句末字，必須押韻，而且律詩只用平聲韻，沒有押仄聲韻的。還有必須說明的是：「迴看射雕處」一句的平仄為「平平仄仄平仄」，而非「平平平仄仄」，屬單拗，以本句救，也算是合律的。

因為詩的文字，比散文短而精鍊，所以在詩趣和詩境上的表現，要比散文的文境、文趣來得濃烈。由於詩趣在絕句的部分裡已談過了，所以我們在這兒只談詩境。所謂的詩境，是以詩人所表達的內在情意與外在景物為範圍的，因此詩境，大致可分為三類：即情境、物境與意境。王國維在《人間詞話》裡說：「境非獨謂景物也。喜怒哀樂，亦人心中之一境界，故能寫真景物、真感情者，謂之有境界，否則謂之無境界。」所以描寫人間喜怒哀樂等真情感的詩歌，所呈現的便是「情境」。唐人杜甫的〈聞官軍收河南河北〉一詩，就是一個很好的例子：

劍外忽傳收薊北，初聞涕淚滿衣裳。
卻看妻子愁何在？漫卷詩書喜欲狂。
白日放歌須縱酒，青春作伴好還鄉。
即從巴峽穿巫峽，便下襄陽向洛陽。

這首詩寫作者聽到官軍收復河南河北後所湧生的「喜欲狂」的強烈情感。首聯緊扣詩題，用開門見山的技巧入題，寫自己聽到消息後，喜極而泣的情境。次聯寫妻子聽到消息後，滿懷愁緒頓時消散的情境，在這兒，特用「漫卷詩書」的動作，呼應上聯的「涕淚滿衣裳」，將「喜欲狂」作更具體的表達。以上兩聯，由作者本身推擴到妻子身上，具寫了兩人「喜欲狂」的情境。後兩聯，則由實而轉虛，進一層地虛寫「喜欲狂」的情境。其中第三聯，豫想還鄉時的歡樂景象，表現的依然是「喜欲狂」的情境，成為千古佳聯。最後一聯，緊接上聯對還鄉的豫想，擬出還鄉的具體路線，以收束全詩，形成一氣奔注的輕快感，進一步地表達了「喜欲狂」的情境。這樣一實一虛，透過起、承、轉、合的結構，把「喜欲狂」的情境，表現得淋漓盡致。

由於詩人寫詩，往往以景托情，使作品達到情景交融的境地，所以在詩中，情境和物境經常交融在一起。就以孟浩然的〈過故人莊〉一詩來說，它以田園風光襯托出老朋友相見的情誼，使物境與情境交融在一起。所謂的物境，是由詩歌中的景物或事物所構的一種境界。「故人具雞黍」一聯，以老朋友誠摯的邀約做為開端，把題目「過故人莊」直接點明，這是就事物來寫的物境，但也含有無限的情誼在。「綠樹村邊合」一聯，寫的是赴約中所見到的景物，由田園明媚的風光襯托出心情的開朗與愉悅，這是就景物來寫的物境，而景中含情，詠來格外地生動，王國維在《人間詞語》裡說：「一切景語皆情語」，便是這個意思。「開軒面場圃」一聯，寫的是到田家後老朋友相會面、話家常的喜悅，這是就事物來寫的物境，很技巧地由物境襯托出情境來。「待在重陽日」一聯，預定了下次聚會的時間，由實轉虛，把朋友的情誼又推深一層，這是就事物來寫的物境，充分地將物境與情境疊合在一起。總結起來說，這首詩從邀約寫起，進而寫村景、寫對酌，最後又以重陽為約，使得首尾圓合，把老朋友深厚的情誼，藉著景物和事物，表達得極為生動自然，讓人百讀不厭。

在唐人的詩歌中，流露出大唐蓬勃氣象的，首推邊塞詩。邊塞詩在意境的表現上，往往很突出，它們多半藉著邊塞的景象和邊塞爭戰的畫面，烘托出奮發進取，以及宏偉壯闊的意境。就以王維的〈出塞作〉而言，在意境的表現上，便非常特出：

居延城外獵天驕，白草連天野火燒。
暮雲空磧時驅馬，秋日平原好射鵰。
護羌校尉朝乘障，破虜將軍夜渡遼。
玉靶角弓珠勒馬，漢家將賜霍嫖姚。

在還沒談這首詩的意境之前，我們來談談詩文的意境。它是由文人內在的意念與外在的事物或景物互相結合，藉詩文形式所表現的心靈中或理想中的世界。在「詩」方面，如李白的〈獨坐敬亭山〉、柳宗元的〈江雪〉，前者表現了物我合一、兩兩相忘的境界，後者表現了清峻孤絕的境界。在「文」方面，如陶淵明的〈桃花源記〉與列子的〈愚公移山〉，前者表現了一個人間淨土，人與人之間無憂無爭，一派和諧安樂的境界，後者表現了人類合作、人助天助、有志竟成的境界。至於這首〈出塞作〉，表現的則是青年靖邊報國、建功立業、樂觀進取、豪邁壯闊的境界。前四句寫居延城外，胡人出獵，準備侵犯邊境的情境，暗示了戰火將起的形勢。其中首二句寫城外白草遍野，獵火熊熊，胡人乘機出獵的景象；三、四兩句為對仗句，寫秋日草原遼闊、胡人驅馬射鵰的場面，烘托出邊塞軍情緊急的氣氛。後四句寫官軍日夜冒險犯難、奮力守邊的英勇氣概，以及報國立功的英勇事蹟。其中五、六兩句為對仗句，寫官軍戎馬倥傯，不畏困阻，奔走於碉堡與邊境之間，逐退強敵的英勇經過。七、八兩句則用漢代霍嫖姚立功邊塞，獲得朝廷賞賜的典故，來激勵並慰勞效命疆場的將士。就這樣，作者在這首詩裡，透過敵我雙方在邊塞上對壘爭戰，將遼闊的邊塞與將士豪邁、熱忱相結合，於是形成了雄奇壯闊的意境。這在欣賞時，是要特別留意的。

四、結語

如果我們能照上文所述的那樣，就格律（包括平仄、韻叶、對仗）、結構、義蘊、趣味、境界等方面，來欣賞近體詩，再對修辭的技巧加以探討，並配合媒體或吟唱，以加強效果，那麼，完整地體會出近體詩之美，便是可預期的事了。

原載於《國文天地》第104期
民國83年1月，頁78～84

詩歌朗誦教學之探討

邱燮友

一

我國詩歌，向來很發達，自三百篇之後，而楚辭，而漢賦、古詩、樂府，而唐詩，而宋詞，而元曲，而明清詩，而至今日的白話詩，真是淵遠流長，一脈相承。只是由於時代的不同，而詩體各異，名稱亦有不同罷了。其實，我國的詩歌，向來是跟音樂結合在一起，著重情韻和意境的表現，可以稱之為「音樂文學」。因此探討詩歌朗誦的教學，必須從詩歌的音樂和情意兩方面入手，才能體會到詩歌完美的境界。

詩歌可分為兩個部分：一是意義性；一是音樂性。詩歌的意義性，在於情意的表達，要求做到言有盡而意無窮的效果；其間包括詩情、詩意、詩境的呈現，詩趣、畫趣、化境的尋求，以合乎吟咏性情，表達興趣為主。詩歌的音樂性，在於聲調的和諧，要求做到音韻鏗鏘，有抑揚頓挫的效果；聲調包括用韻、句式、字的平仄，以及吟誦詩的輕重、長短、高下、緩急的差別，以求音韻的諧合，達到聲音的悅耳。

詩歌朗誦，便是將詩歌的意義性和音樂性二者完美地結合，然後把它完整地表達出來。詩歌憑文字符號的紀錄，是平面的，透過唇吻的適會，便成立體的，時空交會的了。因此詩歌朗誦是情意的表達，聲音的藝術；情意的表達，是屬於「文學性」的，而聲音的藝術，卻是屬於「音樂性」的了。宋鄭樵《通志·總序》云：「樂以詩為本，詩以聲為用。」詩歌透過朗誦，便是達到音樂文學完美的效果。

近些年來，有感於詩文美讀在教學上的需要，便著手蒐集詩文朗誦的資料，並加以整理、記譜，做成錄音帶；同時將前人流傳下來的調子，改變為用國語來吟唱，經過新法的處理後，在教學上，更可收到良好的效果，為一般青年學子所喜愛。

詩文的朗誦，範圍很廣，非一時一人之力所能窮盡。譬如《詩經》、楚辭、漢賦、樂府、駢文、古文、唐詩、宋詞、元曲、新詩等，都有不同的朗誦方式，猶如春泉鳥語，各有清音，百花爭放，自有異態，這些都使人陶醉其間，令人低徊不已。

二

詩歌朗誦包括「徒誦」和「吟唱」。平時，我們只要揣摩詩歌中的情意和韻律，便可隨口諷誦，自然的音韻中，便具有抑揚頓挫的美感，這是第一步的美讀，只能算是「吟讀」或「徒誦」。例如杜甫〈解悶詩〉云：「陶冶性靈存底物，新詩改罷自長吟。」又如張籍〈使回留別詩〉云：「回首吟新句，霜雲滿楚城。」這些詩句，說明詩人寫好一首詩，在自我吟哦。這種「吟讀」，跟後人隨口吟讀前人的詩，方式是一樣的。

詩歌朗誦，進一步便是「吟唱」。吟唱要有曲調，依曲譜的節奏來唱詩；同時，也可以用絲竹管弦來伴奏，這時，詩是合樂的，不同於隨口徒誦了。唐人的絕句，大都是合樂的聲詩。例如王維的〈送元二使安西〉，便是著名的陽關曲。崔顥的〈長干行〉，便是利用江南水澤的情歌，換以新詞，傳唱一時。唐詩可以入樂，薛用弱的《集異記》、崔令欽的《教坊記》、王灼的《碧雞漫志》等都有詳細的記載。其中王昌齡、高適、王之渙旗亭畫壁的故事，尤為世人所熟悉。可知唐詩可以吟誦，引曼高歌，確是事實。

詞也是合樂的詩，是為長短句。詞是依曲調的節拍，塡以新詞，所以是倚聲塡詞。唐人稱為「曲詞」或「曲子詞」。長短句的詞，最初是樂工伶人所唱，流行於秦樓楚館的樂歌，所謂「水調家家唱」，後來也流傳民間，成為街陌的流行歌曲。例如晏幾道的〈鷓鴣天〉云：「舞低楊柳樓心月，歌盡桃花扇底風。」說明當時的歌女唱詞，將歌題寫在扇面上，讓人點唱。又如姜夔的〈過垂虹〉云：「自作新詞韻最嬌，小紅低唱我吹簫。曲終過盡松陵路，回首煙波十四橋。」小紅是范成大家的樂伎，後來送給姜夔，因此姜夔作新詞先讓小紅試唱，自己用簫替她伴奏。詞以豔麗稱著，是最富音樂性的，宋人倚聲塡詞，更是隨處可見。

曲生於樂，體肇於詞，是長短句的詩，屬於市井小唱，所以曲較俚俗。元人的曲，有散曲和雜劇之分。散曲又分小令和套數，都是可以吟唱的；雜劇除唱詞外，還有動作和道白，是配合舞臺演出的戲劇。元代蒙古入主中原，當時的文士，仕途已絕，於是韜光隱迹，歸隱林泉，拋棄榮華浮名，發為吟咏。所以元曲大半為「市井小唱」，借歌聲道盡心中的壘塊。

元曲與宋詞，同是依曲塡詞的音樂文學，詞有詞牌，曲有曲牌，只是曲調不同。宋詞本是秦樓楚館的歌，帶有濃情蜜意，牢騷較少；元曲是市井小唱，為失意文人的心聲，在無奈的心情下，曠放不拘，成了江湖散人的漁歌樵話。

大抵詩歌是齊言的，篇幅長的古詩，適於徒誦、吟誦；絕律樂府，平仄鏗鏘，適於放歌、吟唱。詞、曲是長短句，本也是詩，可唱性更高，更富音樂性。詩、詞、曲三者，在原始型態上，都與音樂結合，成為我國音樂文學主要的成分。可惜我國古代對於音樂的記錄，缺乏一套完整的符號，致使唐詩、宋詞、元曲等歌曲的部分，大半失傳；偶有古譜傳世，也不易為後人所了解，造成詩、詞、曲的吟唱方式，幾乎成為絕響。

三

詩歌朗誦的意義，在於達到文學鑑賞的最高境界，借音韻聲調為媒介，做為作品還原作用。

文學的起源，是「口傳文學」先於「寫定文學」，此二者最大的不同在於媒介。一種是用語言，直接訴諸於心靈的感受；另一種是用文字，間接傳播作者的情意，免受時間、空間的限制。詩歌朗誦，是使用口傳文學的方式，藉聲音來傳達情意。從詩歌中聲調音韻的部分，帶給我們生動而立體的感受；因此詩歌朗誦是屬於聲音的藝術，在追求詩歌音樂性的效果。詩歌的音樂性，能將我們業已遺忘的、最深邃的記憶重新喚起，使詩境更加擴大，以充實我們的心靈世界。

讀詩不能單憑「看」或「默讀」來欣賞，詩歌記錄在文字上，那是靜態的、平面的，透過朗誦，便活起來，成為動態的了。

今人對於傳統詩歌的朗誦，漸趨沈寂，或僅止於國語的朗誦，不再似古人那樣反覆諷誦，搖曳生姿了。加以國音中無入聲，使詩中音調的美感頓失。中原之士，流寓海陬，固然也有擊砵吟唱的雅會；臺灣民間詩社，也時有煮粥聯吟的盛舉；然多礙於方言鄉音的阻隔，未能普遍流傳於學子的口中。一般學校中，教授詩詞，也只限於剖析其中的情意和作法，而不傳授朗誦，於是古典詩歌的朗誦，僅傳唱於年長一輩的口中，不復流傳於年輕的一代。

為使古典詩歌的朗誦不失傳於後世，今從教學的觀點，來探討詩歌朗誦可行的途徑，歸納數點於下，以供教學的參考。

一、古調的採集　詩歌吟唱必有曲調，曲調的蒐集，便成為吟唱詩歌主要資料的來源。在民間詩社中，仍保存著不少古人吟詩的調子，這些曲調，大致是口耳相傳下來的，其來源雖不可考，但自有其淵源和歷史。如果今人不加以珍惜，等到老成凋謝後，便不易採集了。

臺灣的詩社，多稱「吟社」，他們除了賦詩以外，吟詩也是特色之一。在臺北的瀛社、天籟吟社，便有「天籟調」；宜蘭的東明吟社、仰山吟社，便有「東明調」；其他如臺中的櫟社、臺南的南社，他們都有獨特吟詩的調子。當他們聯吟時，去做錄音，加以採集；然後經過一番整理比較，重新記譜，再改成國語來吟唱，便可供一般學校教學之用。下面便是一首經過整理記譜後的「天籟調」①，我想您也可以依照這個譜來吟唱吧。

這個調子適合於吟唱七言平起格的絕句，如果再重複一遍，便成了律詩。因此這個調子也可以吟唱七言平起格的律詩。

在內地，向來以「江西調」②最為詩壇所推崇，從大陸來臺的詩人口中，仍可聽到這類吟唱的調子。其他各地也有不同唱詩的調子，曲調雖然不一，但各有韻味，其中多少保存有古人吟唱詩歌的神貌。

在民間戲曲中，也保留不少吟唱詩歌的調子，如戲劇中的「流水調」③，南管或歌仔戲裡的「都馬調」，便可以用來唱七言詩。一般戲劇中，也有「定場詩」的吟誦，如利用定場詩的韻味來誦五七言詩，別有風格。今日流傳的崑曲，其中的曲調不少，都可以用來吟唱元人的散曲和雜劇。

至於宋詞的吟唱，古調亦已大半失傳。清乾隆年間，發現了南宋姜夔（一一五五——一二二一）的《白石道人俗字譜》，共十七首，是姜夔的自度曲。後經夏承燾、楊蔭瀏、顧毓琇諸先生的訂定節拍，可算是宋人唱詞的遺音了。下面便是姜夔的〈淡黃柳〉④。

①

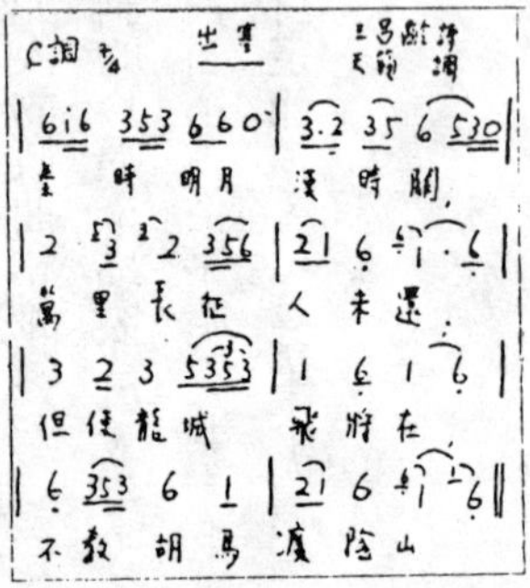

C調 2/4　出塞　王昌齡詩　天籟調

| 616 353 660 | 3.2 35 6 530 |
秦時明月漢時關，

| 2 3 2 356 | 21 6 1·6 |
萬里長征人未還，

| 3 2 3 5353 | 1 6 1 6 |
但使龍城飛將在

| 6 353 6 1 | 21 6 1 6 ‖
不教胡馬渡陰山

②

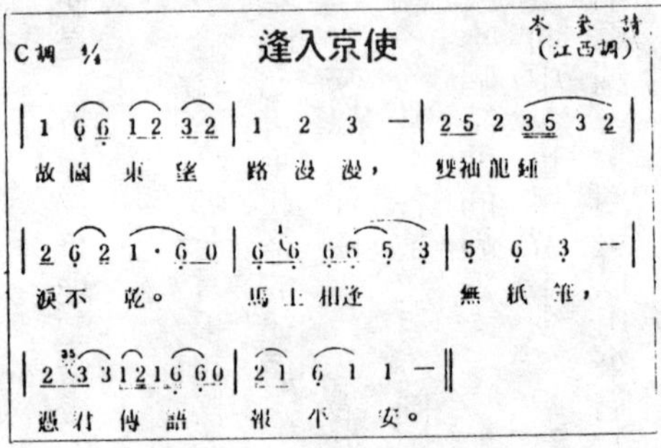

C調 4/4　逢入京使　岑參詩（江西調）

| 1 66 12 32 | 1 2 3 — | 25 2 35 32 |
故園東望路漫漫，雙袖龍鍾

| 26 2 1·60 | 66 65 53 | 5 6 3 — |
淚不乾。馬上相逢無紙筆，

| 233 1216 60 | 21 6 1 1 — ‖
憑君傳語報平安。

③

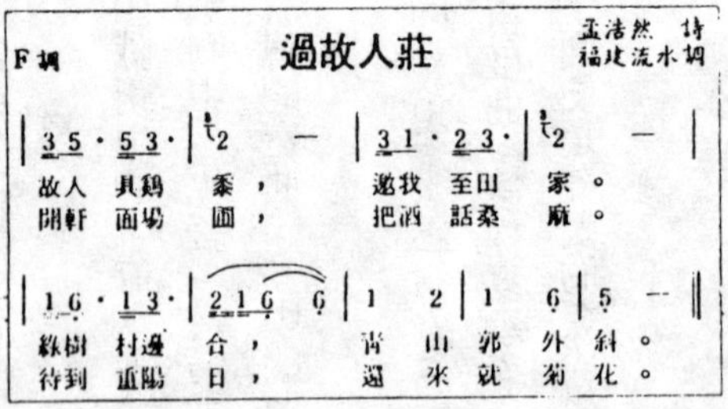

F調　過故人莊　孟浩然詩　福建流水調

| 35·53· | 2 — | 31·23· | 2 — |
故人具鷄黍，邀我至田家。
開軒面場圃，把酒話桑麻。

| 16·13· | 216 6 | 1 2 | 1 6 | 5 — ‖
綠樹村邊合，青山郭外斜。
待到重陽日，還來就菊花。

④

D調 4/4　淡黃柳　姜夔詞曲

其次，在古人的曲譜中，也有不少的古調被記錄下來，如清王季烈編的《集成曲譜》、明《太和正音譜》、《雍熙樂府》、《吳騷合編》、元《朝野新聲太平樂府》等，都是些古譜或崑曲譜，尚待翻成簡譜或五線譜，才容易流傳。今人焦承先有《蓬瀛曲集》和《炎薌曲譜》的釐訂，有崑曲的古譜與簡譜對照，對於崑曲的推廣，有莫大的幫助。要之，古譜古調的蒐集與採集，是多方面的，但都需要經過整理之後，才能實用於教學上。

二、徒誦的探求　名流學者朗誦詩歌，往往採用徒誦的方式，沒有固定的曲調。固定的曲調，適於吟唱小令和絕律，如遇到古詩或慢詞，固定的曲調便不足以適應，於是徒誦便可發揮其特色。

一般文人朗誦詩歌，大半採用徒誦的方式，首先將一首詩或一闋詞、曲背熟，然後把自己的情感融洽其間，發而為抑揚頓挫的聲音，把詩詞中的情意表達出來。古人云：「熟讀唐詩三百首，不會作詩也會吟。」便是這個道理。

唐詩的徒誦，依詩體而定，也有一定的規則。如誦讀五七言古體詩，節奏稍快，與讀文章相仿，有時整句連貫而下，激昂高亢或低徊纏綿，得視詩中的情意而定。詩中的情意有悲壯、柔婉、流麗、掩抑等不同，誦讀起來要恰如其分，才能情味動人。

但絕律的徒誦便不似古詩那麼自由，它有一定的規則，尤其是二四六的音節字，要分明地表現出來，做到平聲拉長，仄聲連讀的效果。就舉張繼的〈楓橋夜泊〉為例：

月落烏啼——霜滿——天——
江楓——漁火對愁——眠——
姑蘇——城外寒山——寺——
夜半鐘聲——到客——船——

七言每句讀成三個音節，首句第二字「落」為仄聲，誦讀時「月落烏啼」四字連讀，第四字「啼」為平聲，便要引曼拉長，「霜滿」二字連讀，「滿」為仄，可稍頓，末字「天」為韻腳，要延聲引曼，要有後音，才見情韻。次句第二字「楓」為平聲，故「江楓」二字連讀，「楓」字可延聲拉長，第四字「火」為仄聲，在此不宜中斷，「漁火對愁」四字連讀，第六字「愁」為平聲，可延聲拉長，末字「眠」是韻腳，又要延長聲調，造成後音，才有韻味。後兩句仿此。

詩歌朗誦是聲音的表現，用文字不容易說明得很清楚，多聽名家朗誦，可發現這項徒誦的規則。由此可知古人寫絕句和律詩，為甚麼「二四六分明」，平仄不能亂用，原來是配合朗誦或吟唱的緣故。

民間詩社朗誦詩歌，多採用方言，可以讀出平上去入的聲調，但在教學上，吟誦詩歌，要用國語。國語中無入聲，在朗讀或吟唱時，遇到入聲字，只好把它讀成去聲，或依然維持國語的音調。如「國」字本是入聲，在國語中讀ㄍㄨㄛˊ，平聲；又如「福」字本是入聲，今人也讀成平聲了。其次詩文美讀，宜採用讀音而不用語音。例如：「白日依山盡」的「白」，宜讀ㄅㄛˊ，「門前冷落車馬稀」的「車」，讀為ㄐㄩ，他如「綠」、「六」、「斜」、「百」等字，也宜用讀音。這類聲調和讀音問題，在詩歌朗誦教學上，也不宜忽視的。

三、新曲的嘗試　詩歌的吟唱，需要曲調，唐宋元人的曲調已失傳，民間吟唱的曲調、古譜又很有限，而且不易探索其淵源，於是今人往往用古人的詩詞譜以新曲。當然唱詩要有中國味，同時要有古意；如果唱詩像唱流行歌曲那樣，便失去吟唱詩歌的意義了。

近代作曲家為古典詩曲詞配以新曲的，為數不少。今多收錄於藝術歌曲中，亦為一般學子所熟悉。例如：李白〈下江陵〉，有黃自的曲；王維〈渭城曲〉（一名〈送元二使安西〉），有朱永鎮的曲；崔顥〈黃鶴樓〉，有柳絮的曲；晏殊〈浣溪沙〉，有胡然的曲；陸游〈釵頭鳳〉，有影樹人的曲。這類新製的歌曲，曲調優美，能保持古詩詞的氣質和情韻，又能合乎時代音樂的精神，是值得提倡和鼓勵的。

其次，用民歌的曲調來配以詩詞的吟唱，也很有效果。例如，以「宜蘭酒令」，配合輕快的五言絕句如〈長干行〉⑤、〈塞下曲〉等，也能帶來悅耳的一面。總之，詩歌的吟唱是使詩音樂化，曲調與詩的內容配合得好，便能產生特殊的效果。所以詩歌朗誦不是任何詩都以一種調子來吟唱，必得依詩的內容來選調。今舉〈塞下曲〉為例⑥，以供教學該詩時之參考。

⑤

D調 3/4　長干行（五絕樂府）　崔顥詩（宜蘭酒令）

| 1 1 1 5 | 5 — | 6 5 5 3 | 2 — |
(女)君家何處住，妾住在橫塘；
(男)家臨九江水，來去九江側；

| 5 2 3 5 0 | 2 3 2 1 | 6 1 2 1 6 | 5 — ||
停船暫借問，或恐是同鄉。
同是長干人，生小不相識。

⑥

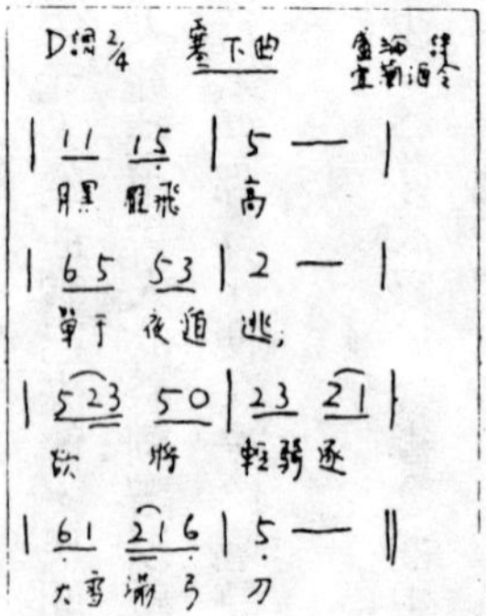

D調 2/4　塞下曲　盧綸詩　宜蘭酒令

| 1 1 1 5 | 5 — |
月黑雁飛高
| 6 5 5 3 | 2 — |
單于夜遁逃；
| 5 2 3 5 0 | 2 3 2 1 |
欲將輕騎逐
| 6 1 2 1 6 | 5 — ||
大雪滿弓刀

四、曲調的處理　詩歌朗誦無論是用古調、新曲，或採用徒誦，都需要經過一番綜合的處理，才能達到朗誦的效果。朗誦的方法和技巧，是要不斷地改革求新，有時用不同的曲調朗誦同樣一首詩，以求那種曲調最具效果；有時用獨誦和羣體朗誦交錯，造成對比的效果；有時以一獨誦為主音，用眾聲吟唱為和聲，也能獲致異趣。要之，在比較和對比之下，以求最完美的朗誦境界。

在傳統朗誦中，常以獨誦或齊誦為最基本的朗誦方法。如果用在團體或朗誦隊上，朗誦方法的變化就複雜多了，或獨誦，或齊誦，或間以輪唱、疊唱，唱與誦的變化，男聲與女聲的變化，不是跟一個合唱團一樣，具有多重性的變化嗎？團隊朗誦的訓練，首先要求整齊；經過多次的練習，使朗誦者在心態上進入詩歌的情韻中，結為一體，才能表現聲音藝術的完美性。

四

詩歌朗誦，不外把詩歌的「詞情」（指意義性）和「聲情」（指音樂性）二者完美地結合成一體，以體會詩人所反映的現實生活和心靈世界。我國的詩歌，體類繁多，而文中僅及唐詩、宋詞、元曲三者，未能遍及其他各體。況且詩詞曲的朗誦和吟唱，各有差異，既非文字所能描述曲盡的，故必須配合錄音帶放出聲音，始能區分高山流水、陽春白雪的格調。唐詩朗誦的部分，已有「唐詩朗誦」錄音帶（東大圖書公司發行）可資參考，至於宋詞元曲部分，只好等待來茲，探討詩歌朗誦可行的途徑，一得之愚，或可供教學之用吧！

原載於《國文天地》第81期
民國81年2月，頁100～104

詩歌「吟、唱、誦、讀」的觀念及要領

潘麗珠

從事「詩歌教學」者，除了在「文情之美」方面努力，也應該在「聲情之美」方面用功，如此才能彰顯詩歌的特色，使教學突出於一般的散文之列。本文所謂的「詩歌」，採廣義而言，不但指古典的詩、詞、曲，也包括「現代詩」，因為「現代詩」雖然極少人吟或唱，卻是可以讀、可以誦的，尤其在「誦」的方面，能夠因技巧的變化展現出繁複多彩的風貌（另有專文論述）。本文謹就「觀念的釐清」和「基本要領」兩項抒發個人看法。

一、幾個觀念的釐清

詩，可以讀，可以誦，可以吟，可以唱；常聽人說「詩詞吟唱」，其實不但「吟」

「唱」是兩種不同的詩歌聲情表現方式，「誦」和「讀」也必須有所區分，在表現方式上也不一樣。試將「讀」、「誦」、「吟」、「唱」的觀念釐清如下——

㈠**讀**：所謂「讀」，是「依章句哦誦」之意，「哦誦」之「誦」，不是「詩歌朗誦」的「誦」意，而是「唸」的意思。《孟子．萬章》篇曾說：「頌（通「誦」）其詩，讀其書，不知其人可乎？」就很明顯的判析「誦」、「讀」是兩回事，而詩用誦，書用讀，實是基於詩比書更具音樂性的道理，因此「詩」與「歌」合稱而「書」與「文」並言，也因此我們常說「詩歌朗誦」、「文章美讀」，雖也有人說「詩歌朗讀」，卻罕有人講「文章朗誦」，如果文章用「誦」的方式，那麼該是較具音樂性的「賦」文或較需拉長音韻的「祭文」，一般文章還是「美讀」為宜。

所謂「唸」，就是「內有所思而口有所言」，《詩．大序》云「情動於中而形於言」，正足以解釋「唸」意，就是表現詩歌聲情最基礎的一個層次。直言之，「美讀」是一切詩文聲情表現的基礎，它的方式像「唸」——有情感的、音調較自然的「唸」。

㈡**誦**：誦有「背念」的意思，皇侃《論語疏》說：「不用文、背文而念曰誦。」誦還有「不以器樂相和而歌」的意思，《禮．文王世子》說：「『春誦夏弦。』」注：『誦，歌樂也。』」另，「誦」字是從「甬」得聲，「甬」有隆然興起之意，因此「誦聲高揚」。綜合來說，「誦」的表現方式較接近「歌」的味道，音韻拉得較長，聲音比「讀」要大、要高，沒有器樂伴奏，更重要的是得具有「背書」的特色（準此，「詩歌朗誦」比賽以不「拿稿」演出較理想）。儘管「誦」比「讀」要接近「歌」，但依然是只有「節奏」的講究而沒有「旋律」的追求，大致還是遵循著「一字一『音』（「樂音」之意）」的原則，只是這個音可以拉得較長、音高可以較揚而已。《詩．大序》云：「言之不足，故嗟歎之。」所謂「嗟歎」不是歎氣，而是「延聲引曼的誦讀」（邱師燮友語）。這是表現詩歌聲情的第二個層次。

㈢**吟**：許慎的《說文解字》記載：「吟，從口今聲。」本義作「呻」解，乃口中有所哦詠之意。所以說「吟」應是「低聲」的（符合「呻」意）、是「拉長聲調」的（符合哦「詠」意）。與「誦」比較起來，「吟」更接近「歌」，不但講求「節奏」，更是重視「旋律」；因為重視「旋律」，所以會有「調子」產生，例如「天籟調」、「鹿港調」、「歌仔調」等等；只不過「吟」的時候，沒有樂器伴奏，可以隨著吟詩者的氣息長短、對詩意的領會及詩情的揣摩，而決定音的長短和旋律的轉折。因此同樣一首〈靜夜思〉，某甲的吟法和某乙、某丙的吟法，即使是同一種「調」，也可以有不同的長度（節拍）和不大一樣的「旋律」。當然，如果不是同一種調子，更是容易造成不同的長度和旋律了。

㈣**唱**：唱就是「張口發歌」的意思，而所謂「歌」，既有「長引其聲以誦」之意，又是「可以樂器譜奏曰歌」。因此，「唱」的音量較大，有樂器伴奏，「節拍」和「旋律」都很固定，也就是說，有一定的「譜」，唱者及演奏者可據以遵循而配合得嚴絲合逢。《詩·大序》所謂「嗟歎之不足，故詠歌之」，「詠歌」便是「吟唱」，沒有譜的「吟」和有譜的「唱」是表現詩歌聲情的第三個層次。

二、「讀、誦、吟、唱」的基本要領

詩歌的「讀、誦、吟、唱」有其基本共通的要領，分幾點敘述如下——

㈠**音調的正確**。有人說用國語讀古典詩歌，便覺得聲韻不和諧，用方言才能聲調鏗鏘，於是有人主張李白（ㄅㄞˊ）一定得唸李白（ㄅㄛˊ），百（ㄅㄞˇ）萬一定要唸百（ㄅㄛˇ）萬……然而，何字該古？何字該今？實在很難有一定的原則。筆者的看法是：無論使用國語或方言，古典詩文都應該以「讀音」為準，現代詩文則不在此限。如果以國語「讀、誦」詩文，對於「陽平」和「上聲」須特別講究，尤其是句末出現「陽平」或「上聲」字的時候。一般人說話，鮮少把「陽平」的35:和「上聲」的214:調說得極完整，例如問「好不好？」回答者的「好」或不「好」一般都說成「前半上（ㄕㄤˇ）」——21:調，很少以214:調回答，但是在「讀、誦」時則必須調值完整才行，這樣才能讓人聽得清楚、才能調足字正。

「字調」的講究對於詩歌的「吟、唱」更是重要。清代徐大椿在《樂府傳聲》一書中曾經說過：「……曲不合調，則使唱者依調則非其字，依字則非其調，勢必改讀字音遷就其聲以合調，則調雖是而字面不真。」徐氏的這一段話，說明了曲調和字調若不相合，勢必會造成改字或非調的困擾，對於聽者而言，極可能誤會字義或感到旋律不順。舉例來說，孟浩然〈春曉〉詩，以「鹿港調」吟唱時，「春眠不覺曉」一般的旋律是：

這麼一來，「春眠」就變成了「ㄔㄨㄣˊ ㄇㄧㄢ」，字音被迫改變，如果旋律改成5｜3—32｜32 1——，則不會出現「倒字」的情況。又如李白〈靜夜思〉，「低頭思故鄉」句以「鹿港調」吟唱的旋律一般是：

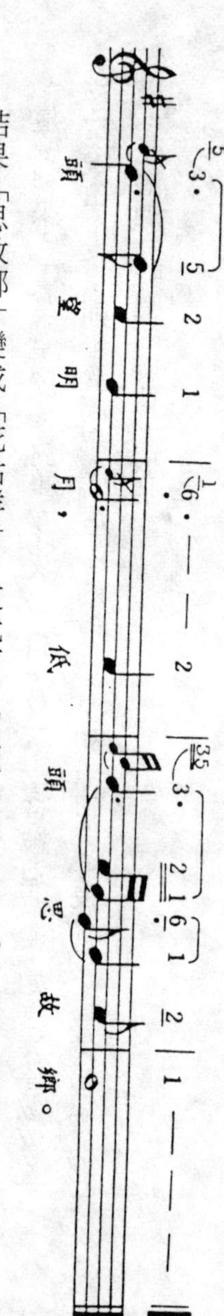

結果「思故鄉」變成「死姑祥」，這就有了問題，如果是 2 | 353.21565 | 5.3 ——則低頭思故鄉旋律與字調相諧，沒有「倒字」失音的現象。

此外，「音調的正確」還包括「咬字」的注意，也就是在聲韻的構成上，字頭、字腹、字尾都需要清楚的交代，「吟、唱」時固然如此，「讀、誦」時也不能馬虎，尤其是韻尾的收音，一不注意，字音就會偏離，例如來（ㄌㄞ）、抛（ㄆㄠ）等複合韻母，收音應歸到韻尾的「ㄧ」和「ㄨ」等，不能等閒忽視。而這點其實是發出正確音調的根本。

㈡**節奏的掌握**。何謂「節奏」？聲音速度的快、慢、頓（小停）、挫（大停）、漸疾、趨緩的協調搭配，造成一種曼妙的律動，就是節奏的功用。語言可以表徵情緒；情緒激憤，語言的速度快；情緒冷靜，語言的速度較慢。詩句的情緒是根據詞意而來的，唯有深刻理解詞意，才能揣摩詩句的情緒，據以變換節奏，以期達到逼肖情靈的美聽效果。

更明白的說，每一首詩歌作品，固然有其基本節奏（視其大體的旨意而定），但每一句、甚至每一個詞的速度並不一定相同，必須細密地區分，嚴格地要求，才能確實掌握到詩韻律動的節奏。試以杜甫〈蜀相〉為例：

丞相祠堂——何處（略頓帶過）尋——
錦官——城外—柏、森———森———
映階———碧草———自、春—色（入聲，出音即止）
隔葉黃鸝———空———好—音—
三顧頻煩———天下（略頓帶過）計—
兩朝——開濟老—臣—心——
出師—未捷身—先——死—
長使英——雄———淚、滿——襟———

「丞相祠堂」、「隔葉黃鸝」和「三顧頻煩」雖然同是四字連讀，但是在節奏上，「三顧頻煩」的速度應該比「丞相祠堂」和「隔葉黃鸝」快，這樣到了「兩朝」句放慢讀速時，才能襯出時間之長、用心之苦的詩意內涵。又如以「天籟調」吟王之渙〈涼州詞〉，首二句「黃河遠上白雲間，一片孤城萬仞山」，第一句的節奏可以比第二句稍慢些，第一句的「黃河」又比「遠上白雲間」再緩一些，這樣可以顯示出，「黃河極長」的情韻，營造磅礡的氣勢。

大致說來，詩歌的「吟、唱」因有旋律的因素幫助聲情的美聽，所以不像「讀、誦」那麼依賴「節奏」的因素，然而，「掌握節奏」卻是四者都必須注意的要領。

㈢**情意的發揮**。詩歌的聲情表現，無論是運用「讀、誦、吟、唱」哪一種方式，總是以「發揮情意」為重要目標，唯有發揮情意，才能淋漓盡致地表現詩趣而動人心腑。欲發揮詩歌的情意，必須注意聲音的「抑、揚、剛、柔、輕、重」等不同技巧的使用場合。所謂「抑」，是聲音依著情緒的需要往低處沈；所謂「揚」，是聲音配合情緒往高處走；所謂「剛」，是語氣較硬直；所謂「柔」，是語氣較溫柔；而所謂「輕、重」，和語氣的強調與否密切相關，詩句中，輕重位置不同，詩意的感覺便有差別。這裡要特別說明的：「揚」的音未必「剛」，「抑」的音也未必「柔」；「輕、重」和「抑、揚、剛、柔」又不一樣，唯有仔細區分，善加運用、變化，才能產生「搖蕩情靈」的效果。以孟浩然的〈春曉〉為例：

春眠不覺曉，處處聞啼鳥；
夜來風雨聲，花落知多少。

全詩大抵以陰柔的口吻表現聲情較妥當，但「處處聞啼鳥」應比第一句的聲音「揚」些才好，而「花落知多少」則相對的應「抑」些；至於「輕、重」，「不」字、「處處」、「夜」字、「落」字如果以重音處理，相信詩味詞情會更加濃郁。再者，前項所述「節奏的掌握」也可為「發揮情意」服務，二者相輔相成，詩歌聲情的表現尤佳。

㈣**音色的變化**。如果一個人認定自己的音色就是如何如何，那他真是太小覷自己聲音的潛能了。許多人都知道：一些從事廣播工作的人員，他們的聲音可以老也可以小，甚至在錄製廣播劇時，一個人當好幾人用。人的音色可以變化，只是大多數的人習慣於某種固定的音色而不自覺。為了讓聲情的表現更豐富，音色的變化是必要的。舉例來說，崔顥的〈長干行〉：

君家何處住？妾住在横塘，停船暫借問，或恐是同鄉。
家臨九江水，來去九江側，同是長干人，生小不相識。

詩中顯然存在著問與答的趣味，如果以不同的音色區分出問、答的聲情（單人時如此，兩人以上可直接以對話方式呈現），必然地增加了聽覺的美感。又例如杜甫〈聞官軍收河南河北〉：

劍外忽傳收薊北，初聞涕淚滿衣裳；卻看妻子愁何在？漫卷詩書喜欲狂。
白日放歌須縱酒，青春作伴好還鄉；即從巴峽穿巫峽，便下襄陽向洛陽。

如果以女聲的方式處理「漫卷詩書喜欲狂」句，讓杜甫妻直接站出來「示現」，是不是增添了詩的趣味？音色有了變化，聲情的表現會更好。更直截地說，「變化音色」是為了更細膩地處理詞情，詞情處理愈細膩，「聲情之美」愈豐厚！

結語

「讀、誦、吟、唱」是詩歌聲情的四種表現形式，應仔細釐清；「讀、誦」一字一音（即使拉長還是一音），「吟、唱」則有旋律而可一字數音（樂音），但旋律曲調須以語音的質素為考量基礎，不應出現「倒字」的謬誤，引起誤解。除了「音調正確」、「掌握節奏」、「發揮情意」、「變化音色」四個基本要領應當巧妙體會、把握之外，還可以注意：㈠「吟」詩時，「腔末尾聲的反壓」是營造韻味的重要手段（這點很難用文字說明清楚，須借助有經驗者的示範）．㈡無論是哪一種聲情表現形式，結束前的「引聲放慢」是必要的暗示。

總之，詩歌聲情之美的用功，絕對有助於詩意的體會與詩境的追尋，詩歌「音樂性」的張揚，有待我們投注更多的關心！

後記：

選修過臺灣師大陳伯元教授「東坡詩」這門課的學生，總一定得通過「吟詩」這一關的考評。民國七十四年，筆者在臺灣師大國研所碩士班修「東坡詩」，老師教大家吟詠，期末，筆者以東坡〈贈子由黽池懷舊〉一詩，博得老師的稱許，獲該班最高分，從此激勵了筆者對「詩歌吟唱誦讀」的關注，即使後來的研究轉向「戲曲」，「詩歌聲情之美」的探討不曾或減。謹將平素思索所得綴文成篇，一方面懇請方家賜正，一方面借此，永誌老師啟迪之恩。

原載於《國文天地》第107期
民國83年4月，頁70～75

如何讓學生不再昏昏欲睡？

——古典文學教學經驗談

何維欽

古典文學的教學效果一直無法提高，究其原因，筆者認為主要有二：其一是教師對古典文學的教學目的、意義和作用認識不足，因而重視不夠；其二是教師的教學不得其法。

語文教學既是科學也是藝術

眾所周知，中國的文化源遠流長，有著五千多年的悠久歷史。這是任何一個國家所不能匹敵的。而古典文學教學的目的、意義和作用，主要的就在於通過教學，對學生進行傳統的愛國思想教育，以增強他們的民族自尊心和民族自豪感，培養其優美情操，做個現代式的中國人。其次，是要通過教學，增進和提高學生的閱讀能力和寫作能力。因為我國古典文學中含有很多的精萃，十分值得我們去發掘、吸收，並加以推廣，使之進一步地發揚光大。認識不到這些，傳統文化就得不到繼承和發揚，學生的愛國思想、民族自尊心自豪感就培養不起來，其閱讀能力、寫作能力也就不會得到儘快地提高。

正是由於有些教師對於古典文學教學的目的、意義和它的重大作用缺乏足夠的認識，又受到傳統而陳舊的教學模式的影響根深蒂固，受到「教參」與高考的束縛，思想保守而不開放，因而教學方法呆板單調，或大搞「一言堂」，灌輸式，缺乏啟發性、趣味性，使學生聽起課來像聽和尙念經而感到枯燥乏味。

語文教學既是一門教育科學，也是一種藝術。它既是門科學，教學起來就必須講求其科學性；既是種藝術，它又必須講求其藝術性。作為一位語文教師若能在這兩個方面都有其較好的修養，他就會在其具體教學中，因人、因時、因教材，又以開發學生智力為主要目標，而不斷地改變教法，並運用自如，這樣，就一定會收到良好的教學效果。

興趣是最好的老師

愛因斯坦說：「興趣是最好的老師。」一個人興趣的產生主要表現在他對某事物的新異性的感應上。換句話說，當一個人對某事物的新異性產生了興趣的時候，他的求知欲也就自然產生了。這就是人們常說的，當一個人對某一事物有了好奇心的時候，他就要想方設法去努力探求，以使自己的好奇心得到滿足。這一點，在處於長知識、增才幹的青少年學生身上體現得尤為強烈。作為教師，如果考慮不到這一點，講起課來，總是按照一成不變的某一種模式進行，即使課備得再詳盡認真，講得再具體細緻，可是要收到良好的效果也是不可能的。因為如此講法，學生的精力就會逐漸分散，其大腦皮層就會逐漸受到壓抑，時間一久，就會呈現出昏昏欲睡的狀態。這麼一來，他又怎麼能有效地感知你所講授的知識呢？如果你針對著不同的學生實際，根據不同的時間環境和不同的教材內容，而不斷地改變教學方式或方法，就能引起學生大腦皮層的興奮，使其產生比較強烈的學習興趣，集中高度的注意力，求得較好的教學效果。

多年來的教學實踐，在這方面我的體會是較深的：什麼時候照本宣科搞「一言堂」了，學生的注意力就分散了；這時候課堂上，隨便說笑的、做小動作或其他作業的，甚至伏案而睡的都有了。什麼時候變換方式方法搞啟發式進行精講了，學生的注意力就集中了。什麼時候講得有些情趣了，課堂氣氛也就活躍了。

如何使學生注意力集中？

我是用什麼方式或方法，使學生集中精力、認真聽課、積極思考問題，並使課堂氣氛活躍起來的呢？有的課我注重精講——如〈鄒忌諷齊王納諫〉，我只著重講析鄒忌以家庭瑣事譬喻國家政事，使齊王樂於納諫的過程（即文章的一、二兩段），其他部分（即三、四兩段），就完全讓學生自學；有的課——如《國語・周語・召公諫厲王止謗》，是在我教學過《鄒忌諷齊王納諫》以後，讓學生用比較學習法自學其內容與寫作技法的；有的課我讓學生自己總結其思想內容——如杜甫的〈茅屋為秋風所破歌〉；有的課我即讓學生討論其寫作手法——如白居易的〈琵琶行並序〉……；只要發現學生中有了厭學情緒產生，注意力不夠集中時，我就馬上變換教術，更換個方式或方法，使課堂氣氛重新活躍起來：或提個有趣的問題，讓學生回答；或講個與課文有關的小故事，讓學生勃發一笑；或製造個懸念，引發學生深入思考……

例如，過去我教〈廉頗藺相如列傳〉時，用傳統的模式逐字逐句照本宣科，學生聽著聽著就厭倦了。這篇文章如此講法，通常要用三、四個教時而又收效甚微。後來，我試著改變教法：一次串講到「趙王於是析」以後，我即做了如下的談話，以製造懸念，引發學生的興趣：秦昭王聽說趙惠文王得到了和氏璧，「欲以十五城請易璧。趙王與大將軍廉頗諸大臣謀：欲予秦，秦城恐不可得，徒見欺。欲勿予，即患秦兵之來。」這真是兵臨城下，形勢危急！後來宦者令繆賢薦出了有勇有謀的藺相如，而藺相如也向趙王保證「城入趙而璧留秦；城不入，臣請完璧歸趙。」然而，當時誰都知道，秦國強大而又貪得無厭，趙國弱小不敢不送秦璧。藺相如奉璧使秦又作了不辱趙國的保證。請大家想一想，他出使秦國以後會是怎樣的情形？能完璧歸趙嗎？如果讓你去出使秦國你將怎樣完璧歸趙？

「一石擊破水中天」！我如此一提問，一下子就激發了學生的興趣，打開了學生的思路，使他們展開了想像的翅膀。這時，只見學生們個個精力集中而擰眉深思，有的在竊竊私語低聲議論，有的時而翻書去尋找答案，誰也不敢有絲毫的懈怠了。不久，就有人爭相回答問題了。這樣，就為教師繼續精講下文鋪平了道路——結果，只用了兩個教時就順利地完成了教學任務，而且收效較好。

導入課題引人入勝

「開頭的成功是成功的一半。」一篇課文若能從導入課題就引人入勝，教好這篇課文就有一定的把握了。特別是古典文學作品更是如此。在文章的篇章結構教學上，如能理清作者寫作該文時的思路，就抓住了文章的條理線索。這對於指導學生統觀全文，啟迪學生智力，提高其閱讀與寫作能力也是十分有利的。仍以〈廉頗藺相如列傳〉一文為例加以說明：你若在導入這一課題之後，先概述一下組成這篇課文的三個故事情節，並把它作如下的板書：

一、藺相如奉命使秦，智鬥秦王而完璧歸趙，被拜為上大夫。

二、藺相如陪趙王會秦王於澠池，再敗秦王，被拜為上卿。（廉頗領重兵鎮邊境，以為趙王後盾）

三、藺相如以國事為重，感動了廉頗，遂使趙國將相交歡。

如此講述與板書，再加上師生之間的對話交流，不僅有利於學生對全文的結構層次、故事梗概瞭如指掌，掌握其條理線索，更有利於活躍課堂氣氛，開拓學生思路，培養學生以國事為重不計個人榮辱得失的品德情操。

這是對一般較長課文的講法。就是一首平白如話的小詩，若能跳出一般的條條框框，另闢蹊徑，同樣也會使學生感到新奇而有回味，收到良好的教學效果。比如柳宗元的五絕〈江雪〉，其前兩句「千山鳥飛絕，萬徑人踪滅」寫的是一幅寂靜空寥的畫面；後兩句「孤舟蓑笠翁，獨釣寒江雪」寫的是漁翁孤舟獨釣於江雪之上的形象。這似乎很好理解，但為什麼他要寫這幅畫和這漁翁？備課時我發現，前兩句勾出的畫面是極有特色的，是為渲染氣氛，鋪墊後兩句服務的；後兩句中的「孤」字和「獨」字，則更能寄託出他遭到貶謫永州之後的孤獨之感與不願和世俗權貴們同流合污的高潔情懷。講課時，我即從這裡入手，用充滿詩情畫意的語言剖析這首詩的深雋含蓄之美。這樣，學生聽來，不僅覺得很有新意，深受啟發；從而更引起了學生對一般看來較為淺近的古典詩文的深入鑽研探討的濃厚興趣。

可見，要迅速提高古典文學的教學質量，教師首先要充分地認識到古典文學教學的重要目的、重要意義及其在培養後代人中的重大作用；並在深入鑽研教材的基礎上，想方設法改進教學方式或教學方法。捨此二者，要達到目的確是很難想像的。

原載於《國文天地》第63期
民國79年8月，頁70～72

欲把金針度與人

——如何教學生寫新詩

陳啟佑

以海峽兩岸來比較，臺灣有關寫作方法論的著作委實不多，且泰半不切實際；大陸在這方面，恐怕已有上千種專著問世，而且既深入又實用。此一現象頗值得我們反省。

在各種文體創作方法論中，本文僅挑新詩而言。國內近幾十年來出版一些教導讀者創作新詩的書籍，但除了白靈《一首詩的誕生》、蕭蕭《現代詩創作演練》等書外，極少剖析一首詩之形成過程，過程中的每一步驟。諸如此類不切實際之著作，即使仔細讀過數本，照樣不會下筆寫詩，毫無益處。有些教人寫詩的書，從頭到尾一味談修辭。修辭固然與寫作息息相關，但修辭畢竟不等於寫作。進一步而言，學會修辭，未必能處理題材，不見得能針對題旨寫出新詩之一段，甚至一篇。

詳細而又正確地指導初學者如何造簡單句？如何造複雜句？如何寫出一段？如何寫出一首詩？實在值得研究寫作方法論的專家學者，以及在大學開現代文學、新文藝習作課程的教師注意。

本文擬舉幾個方法及一些詩例加以介紹、說明。

一、造句

可試以動、植物或景色、意念等為描寫對象，練習簡單而有意義的造句。例如以植物「菊花」為題材，造出下列句子：

(1)黃色的火焰
(2)黃皮膚的女子
(3)東籬下小小的陶淵明
(4)黃銅爆炸
(5)黃色的音符
(6)……

初學者但求句子美好動人即可，不必有其他企圖，不須考慮句子應表達什麼主題。

在這種漫無目的、毫無拘束的情況下，初學者發揮的空間相當大，更能激發其創意，而產生佳句。又如以「石頭」為描寫對象，造出下列詩句：

(1)它的一生就是一部感人的石頭記
(2)它的一生就是一部石頭受難史
(3)身體緊縮成一團形成一個堅硬的宇宙
(4)讓石頭以默默無言訴說它的心事
(5)……

接下來以意念為描寫對象，練習造句，譬如以「環保」為主題，而想出下列的詩句：

(1)讓山河天天都是春天
(2)山河天天都生日快樂
(3)山河懂得反哺報恩也懂得報仇
(4)垃圾是我們的心
(5)把垃圾排成臺灣的形狀
(6)……

類似這種方式，蕭蕭也有他的一套。譬如他說如果給魚十個形容詞，就可造出十種不同的句子：

(1)一條會洗澡的魚。
(2)吐著白沫的魚。
(3)在水藻間散步的魚。
(4)燒焦的魚。
(5)自動上鉤的魚。
(6)在砧板上掙扎的魚。
(7)好像哲學家正在思考的魚。
(8)永不眨眼的魚。
(9)逆水而游的魚。
(10)空中的鳥就是水裡的魚。①

形容詞在此是一種指引，練習者朝此指引來造句，輕而易舉；如果再稍加限定——造出有詩質的句子，雖然困難些，但比較不會造出粗糙的散文句子。上述十句中，第(2)、(4)、(5)、(6)、(9)等句，即是因未加以限定而造成劣句。

如此練習一段時日，繼之宜考慮所造的句子究竟要表達什麼內容？什麼情、思？也就是朝向一個目標、方向來造句。這裡仍以上述有關菊花的那五個詩句來說明。如欲藉菊花來表達愛情，則造(1)、(2)及(5)句較適當；表達革命先烈精神，則造(1)、(4)句較合宜；

表達隱居生活。則造(3)句較妥。此外還可以造別的句子表達其他的主題、內容。

一個佳句之形成，也許得來全不費工夫，也許費了不少心血，經歷幾個階段、步驟。譬如以「畸戀」為描寫題材，最初可能想到「不正常的三角戀愛」之類的句子，此乃道地散文句子，且平淡無奇，接著可能經歷下面的過程：

不正常的春天

出軌的春天

春天在火中出軌（或「出軌的春天引火燃燒」）

為了解說奇妙的構思、造句過程，筆者以自己造句的實際情況為例。人的想像力是很奧妙、複雜的，也許從「不正常的春天」馬上聯想「春天在火車出軌」，也許並沒有「不正常的春天」這一句出現，而是由「出軌的春天」開始運思的。也許，在「春天在火中出軌」之後，又造出「一個男人兩個女人無數條繩子」，或「兩枝花一個等待的花瓶」之類的句子。

另一個可能：在「不正常三角戀愛」這一句打轉，想不出其他句子來。

二、換句

初學者如果無法憑空造一句，則教師不妨教其參考詩人詩作的某句句型，以該句型為準，運用別的語詞來替換原來的語詞，成為句型相同、相似而字面、意義不同的句子，以便練習基本的造句能力。如以洛夫〈誰來晚餐〉一詩中的「三朵玫瑰花正經地在等待」此句為準，這只是隨便找來的詩句，當然也可以找別的句子。此句句法為「名詞＋副詞＋動詞」，初學者試著以其他名詞來取代「三朵玫瑰花」，以其他副詞來取代「正經地」，以其他動詞來取代「在等待」：

名詞	副詞	動詞
教育部長	愉快地	在寫詩
天空	痛苦地	在運動
一隻麻雀	悠閒地	在游泳
兩張桌子	緩緩地	在工作
一千架飛機	急速地	在睡覺
張小燕	疲憊地	在唱歌
……	……	……

依循此方式，初學者也許會拼湊出完全不通的句子，也許會拼湊出詩意全無的句子，如：

(1)教育部長愉快地在唱歌

(2)張小燕急速地在運動

也許會組成具有詩意的句子：

(1)一千架飛機急速地在唱歌

(2)一千架飛機痛苦地在唱歌

(3)一隻麻雀悠雀地在寫詩

(4)兩張桌子痛苦地在唱歌

(5)……

這類句子倘若運用得當，安置於一首詩中，會顯出更大的威力來！不過，必須聲明的是，這只是初步的練習，寫詩萬勿完全依賴此法。這方法亦可以做「卡片遊戲」，「教育部長」等名詞為一組，每一個名詞各寫在一張卡片上，這一組卡片為粉紅色；「愉快地」等副詞為一組，每一個副詞各寫在一張卡片上，這一組卡片為黃色；「在寫詩」等動詞為一組，每一個動詞各寫在一張卡片上，這一組卡片為綠色。然後隨便在三組中各抽取一張卡片，依前引洛夫詩句句法排列，也許可得到劣句，也許可得到佳句。

按照這些方法，王志健〈一隻白鳥〉（國中國文課本第五冊第三課）中的某些句子可改得更理想：

太陽從山巔升起，
展開在無涯際的海面。

第一句的動詞不妨以「躍出」、「醒來」等詞取而代之，第二句的動詞可改為「奔騰」、「俯視」等。

白靈《一首詩的誕生》一書對寫詩的基本方式及諸多步驟有極精闢的解說，該書附錄「想像力的十項運動」對換句也提出幾個與上述類似的策略，茲舉一例：②

由「被蚊子咬了一下」出發，寫成下列各詞，步驟如①。

給 被 讓 把 拿起 ：
蚊子 夢 愛 美 永恆 憂鬱 ：
輕輕 狠狠 用力 使勁 溫柔地 血盆大口地 重重地 ：
咬 撞 咬 刺 抓 捶 糾纏 啃 壓

了

一下 一夜 一輩子 一下午 一整個夏天 ：

舉例：①被美撞了一下（陳幸蕙）

……

依照「被蚊子咬了一下」的句法，可造出許多句子，而「被美撞了一下」即佳句之一。

關於換句的訓練，策略不鮮，這裡再提供一個。若教師教導學生換句，先抄一個平庸無奇的句子在黑板，然後讓全班學生集體改句，改妥的句子或許不止一句，最好均保留在黑板上供參考。在改句的過程中，教師勿參與任何意見，莫干涉學生發言，以便讓學生有完全自由的發揮與表現。不過，這種教學有一前提，即老師倘若不會寫新詩，起碼須具備判斷、評論詩之優劣的能力，否則，怎麼斷定學生所改的句子是好是壞，是詩句或是散文句？

無論造句或者換句，其目的都是為了求得特殊、美妙、感人的詩句。以下將介紹的方法、目的亦如此。也就是說，散文句或劣句並非練習之目標。

三、簡單句改為複雜句

以上兩節所介紹的幾種方法，適用於造簡單句。初學倘若學會簡單句，不能因此自滿，宜進一步學造複雜句。造複雜句之階段是寫詩者邁向經營一段甚至一首之橋樑，蓋只學會造簡單句，即使句句驚人，也不可能寫出一首詩。因而這階段不能像初學造簡單句那樣漫無目的，必須為某主題或內容製造複雜句，否則，這種練習便失去意義。

筆者在此做個示範。假設有一意念：她嘴角有一個迷人的酒窩，擬處理成複雜句，則先改句，改成具有詩意的一個簡單句：

她嘴邊有一罈酒

繼之再上下拓展，左右開弓，在增廣、加深上努力，也許有收穫，假設造出下列數句：

她嘴邊藏著一罈酒
陳年，香醇
一飲即醉

所謂複雜句絕非簡單句的分行，絕非將簡單句分成數行。複雜句除了行數（句數）多於簡單句外，內容亦須較簡單句繁複些，下面再舉一例說明。假設有一題材：颱風刮倒了田裡的稻子，擬以複雜句表達，那麼試著先改成簡單的詩句：

颱風用刀在田裡收割稻子

接著使之複雜化。除了描寫無情的颱風吹倒了稻子，使稻作無法收成外，還要表達稻農心中的絕望，筆者想到這幾句：

強烈颱風跑到田裡揮刀
收割稻子的頭顱
收割農人的頭顱

蕭蕭在前引十個有關魚的句子後表示：

如果我們再給他配上十個動作，那會有多奇妙的變化啊！如果還有十個不同的環境再加以排列組合，這幾乎是上天入地無所不能了。③

雖然他並未指明此乃練習複雜句的一個方式，其實這並不失為一個好方法，給初學者不少啟示和指引。

在將簡單句改為複雜句的過程中，最好運用一些擴展思考領域的方法來幫助這項練習。史丹福設計科創始人約翰·阿諾，在「想像力的應用」(Applied Imagination)一書裏引用奧斯朋博士所提出的激發思考的方法：

□用來做其他用途？

如何舊法新用？如果修正一下，能做其他用途嗎？

□改造？

有和這構想類似的想法嗎？這構想能否使你聯想到其他想法？過去的經驗裏，是否出現平行的想法？我能否把它們模倣過來？我能模倣誰？

□修改？

扭一下如何？改變意義、顏色、動作、聲音、氣味、形式、形狀如何？或其他的改變？

□放大？

增加些什麼？把時間增長？頻率加快？更強？更高？更長？更厚？額外的價值？額外的元素？複製？增多？誇大？

□縮小？

抽取出什麼？更小？更濃？縮影？更低？更短？更輕？省略？流線？撕裂開？保守的說？

□替換

還有誰可以代替？什麼可以代替？其他成分？其他材料？其他過程？其他能源？其他地點？其他方法？其他語氣？

□重新安排？

可以互相交換的成分呢？其他模式？其他順序？倒轉因果關係？改變步調？改變預定計劃？

□掉換？

把肯定與否定對換？對立的事物互換如何？倒轉呢？上下顛倒？角色互換？換雙鞋子？換張桌子？轉另一邊的臉頰？

□組合

攪和、混合、分類、整合如何？把小單位組合起來呢？把目標組合起來？把用途組合起來？把想法組合起來？④

這些創意思考的方法派上用場，對造句、換句甚至簡單改為複雜句都大有助益。科伯格與貝格諾在「宇宙的遊客」一書中，提出一份他們稱為「處理的動詞」，其增強構想能力的方法遠較上述奧斯朋的還多：

增加／分割／排除／縮減／顛倒／分開／
互換／統合／扭曲／迴轉／壓平／擠壓／
補充／使下沈／凍結／軟化／使膨脹／迴
避／加上去／抽減／減輕／重覆／加厚／
延展／推出／逐出／保護／隔離／整合／
象徵／抽象／解剖……⑤

前引白靈書中「意象的虛實㈡」一章論及「常語與奇語」時，曾舉實例解說簡單句如何擴充為複雜句或一首小詩，他使用「組合、刪改、引伸」方法⑥，就是增強構想力的方法，其實方法尚有不少，他僅使用其中三種而已。

四、同題目多種描述

此法乃是針對同一個題目，從正、反、深、淺、左、右、前、後等角度，或其他角度去思考、描寫。更具體而言，比方說，就一個題目分多次加以描述時，這次描述是從正面觀察事情，下次則從反面觀察事情；剛才用直敘式寫法，現在不妨使用別的方式；

上次寫的那幾句很深入，這次寫淺一些。或者，改變主題，蓋一首詩可容納兩個主題。或者，更換題材來寫。下面即是筆者在「一九九〇年股市」題目下的所做的多種描述：

一九九〇年股市

㈠一九九〇年
　他們跌進一個山谷
　就沒有回來了

㈡他們把股票拋出去
　把車子拋出去
　把房子拋出去
　把唯一的明天拋出去

㈢那是全民運動，舉國比賽
　整個臺灣擠滿了數字和鈔票
　一九九〇年
　許多人不慎運動傷害
　找不到傷口

㈣工人熱愛那種運動
　工人參與，老師參與
　官員也參與
　每個人都確信：
　　我的未來不是夢

㈤一九九〇年
　整個地球都掉進那個深谷
　星星月亮太陽也都掉進去了

進行多種描述，必須善加利用諸多增強思考能力的方法，而將多種描述組織成一首結構完整的詩，亦有賴這些方法。茲將定稿錄於左，初學者或可從成詩的整個流程了解寫詩的細節，進而就多種描述（草稿）與定稿作一番比較，並思索之，必能有所啟示：

　　全民運動
　一九九〇年
　他們爭先恐後把股票拋出去
　把車子房子拋出去

把自己拋出去
把一九九一年也用力拋出去
那是全國性比賽
臺灣運動場擠滿股票和鈔票

人人熱愛那種運動
工人參與老師參與校長參與
警察官員民意代表參與
啊，連我全家都參與
因為獎品是一個巨大無邊的
夢

一九九〇年，把一切拋出去
所有選手奔向終點
奔向一個深不見底的山谷
他們爭先恐後

歡呼，並且，跳下去
一九九〇年
地球也跳進那個谷底

（刊80年2月15日〈人間副刊〉）

多種描述與定稿，兩種面貌差異不小，例如題目變更，定稿第二段「啊，連我全家都參與／因為獎品是一個巨大無邊的／夢」乃是草稿所無，定稿刪除了「許多人不慎運動傷害／找不到傷口」等。筆者在寫草稿時，甚至定稿時，均運用激發思考能力的許多方法，初學者請細究之。

《一首詩的誕生》一書提及「內省六何法」，與筆者此法有異曲同工之妙。作者白靈表示：

對於稍長的詩，如十五至三十行的，則宜將內容的內省擴大，將想像與經驗，知識等揉揑整理，直到它們有較清楚的輪廓出現。此時不妨應用所謂「六何法」，將描寫的體材發生在何時(when)、何地(where)、何事(what)、何因(why)、何人(who)、如何(how)等一一列出，把可能的一切放在腦中不斷反覆

> 思索、集中，或分門別類，涉及的根鬚越廣越深，則可資運用的材料便容易掌握、左右逢源。⑦

斯亦可稱為「一個題目多種描述」。無論是筆者或白靈的方法，皆可在教室黑板進行、處理。讓學生先作多種描述，針對一個題目，大家集體創作，並一一抄在黑板，最後再透過腦力激盪，將黑板上的多種描述組合成一首詩。這是一種團體遊戲，一種生動有趣而有意義的教學活動，一種寓教於樂的活動。不會寫詩的學生必將因此而茅塞頓開，已會寫詩的學生亦能獲得啟迪。

本文僅介紹數種寫詩的方法，以供教師參考。寫詩絕對需要方法，沒有方法如何寫詩？然而，一旦方法嫺熟之後，不必時時刻刻牢記方法，且須避免被方法牽著鼻子走，宜得魚忘筌也。有人認為寫作何須方法？此乃大錯特錯的想法。須知文章有大法，但無定法，學習者要掌握活法。進而言之，要能入能出，「入」則悟方法之精神，「出」則脫離方法，有所創新。

自古以來，各行各業的方法、訣竅，向來是秘密，所謂「鴛鴦繡了從教看，莫把金針度與人」。這篇文章試著介紹幾種方法，欲把金針度與人也。

注釋：

①蕭蕭，〈現代詩創作演練〉，見《現代詩點線面》，（台中縣立文化中心，八十一年六月），頁一六七、一六八。

②見白靈，《一首詩的誕生》（九歌，八十年十二月三十日），頁一九六。

③同註①引書，頁一六八。

④見亞當斯著，簡素琤譯，《創意人的思考》（遠流，一九九〇年五月一日），第二篇，第八章，頁一六五——一六七。奧斯朋所提的方法，見奧斯朋著，邵一杭譯，《應用想像力》（協志工業，七十六年五月），第二十四章，頁三五〇、三五一。

⑤同註④引亞當斯書，頁一六七。

⑥同註②引書，頁七一、七三。

②同註②引書，〈煎出一首詩〉章，頁四七。

原載於《國文天地》第106期
民國83年3月，頁83～91

新詩天地的首航

仇小屏

開學初，甫踏入教室，面對全班近五十張聰敏的臉龐，心中除了喜悅之外，還有更多的期許。但是每星期五堂國文課，一冊國文課本、一冊文化基本教材，時間如此迫蹙，升學的壓力無所不在，許多學生又對國文課存有僵硬沈悶的刻板印象……，雖然有這麼多的不利因素，可是，我還是真心地期盼，能在不影響正常教學的情況下，多給他們一些，讓他們可以很自在地涵泳在文學的天地中，真正地體驗到文學的美是如何地與自己的心靈起著美好的共振。

為什麼不教他們學詩呢？十幾歲的年齡，生命的姿態正如新抽的嫩芽，所有的毛細孔都大大張開，敏感得可以領受一絲微風的吹拂、一滴細雨的霑潤。教他們學詩，引領他們去感知詩中特有的和諧的節奏、奇麗的想像、精緻的象徵；引領他們去開發心中潛藏的、對於美的感受力與創造力，這是一件多麼美好的事！

欣賞篇

理想要紮根於現實方能開花結果。審視當前教學的條件與限制後，我決定以「小詩」（十行以內）作為打開新詩天地的敲門磚。因為小詩篇幅短，不論是抄錄或講授都較為簡易，所費時間不多；而且小詩中所描繪者多為剎那間的感興，正值青澀年齡的學生們人生閱歷不多，但感觸極為敏銳，最容易與之發生共鳴。所以開學的第一週，我就與學生們約定好：每逢兩堂連續的國文課時，我便於第一堂的下課時間，在黑板上抄好一首新詩，第二堂上課時加以講解，這就是我們的「每週一詩」的活動。之後我就開始費心地策劃每週的教學內容，期望這短短的小詩，能如同一枚美麗的驚嘆號般，投入學生的心田，掀起一些波瀾，

商禽的〈眉〉：

祇有翅翼
而無身軀的鳥

在哭與笑之間

不斷飛翔

通常我教給學生的第一首詩；我先將題目隱去，引導學生從詩句中所描述的形象，去猜測詩人所指的是人身五官中的那一種？聰穎的學生不多時即已猜出答案，課堂中的討論聲、歡呼聲響成一片；此時，還可進一步地與學生共同思索：在眉的形象之外，詩人還隱喻了什麼？整個過程大約只須五分鐘，但已讓學生初次領略到小詩的精緻雋美。另外，覃子豪的〈貝殼〉、鍾順文的〈山〉、紀弦的〈戀人之目〉，以及羅智成的〈觀音〉，也都是藉有形的外物，蘊蓄無窮的深意（情）；尤其是〈觀音〉的末二句：「我偷偷到她髮下垂釣／每顆遠方的星上都大雪紛飛」。向來號稱難解，但學生有時卻能提出新見地，令我驚喜不置。高中生對愛情總有著美麗的憧憬，所以有幾首情詩中的經典之作，我是必然會介紹給他們的：如許悔之的〈絕版〉、林泠的〈微悟〉、和張健〈畫中的霧季〉。

可是學生不能只沈浸在小我的世界中，所以我也會配合時事來改變教學內容，譬如車臣爆發內戰時，就讀一首洛夫的〈沙包刑場〉：

俯耳地面

一顆顆頭顱從沙包上走了下來
隱聞地球的另一面有人在唱
自悼之輓歌

浮貼在木椿上的那張告示隨風而去
一付好看的臉
自鏡中消失

適逢二二八紀念日，我們以林亨泰〈溶化的風景〉表達深切的哀悼之情：

即使暴雨驟降的日子也
無法立刻淋濕，
然而一眼望去全是發亮的綠
為什麼這麼快就濕透了？

走了五六步
再回頭看

全部的景色
早被眼淚溶化了……

詩的音節也是形成美感的一大要素，羅青的〈道〉即為佳例：

「你的愛情像椅子
誰都可以隨意坐」

他對她對祂對　他　對她……
如是說道唱道罵道嘆道笑道講道

學生們分別以不同的節奏來朗誦該詩，而這首詩也很神奇地產生了不同的韻味，小詩原本就是晶瑩剔透，但還有更簡煉精美「一行詩」，譬如：

林亨泰的〈黃昏〉：「蚊子們　在香蕉林中　騷擾著」

商禽的〈茶〉：「用山水把風景煮出來」

張春榮的〈吊橋心事〉：「我要翻身，看看一直躲在我背後清唱的溪水最近是否消瘦」

周夢蝶的〈牽牛花〉：「好一團波濤洶湧大合唱的紫色」

這些短短的詩句，就像小小的鑽石般散發著光輝，令人愛不忍釋。除此之外，還有許多小詩都膾炙人口，如夏宇〈甜蜜的復仇〉寫暗戀的心事，梅新〈中國的位置〉引人深思中國的位置何在？瘂弦的〈狼〉酷味十足，泰戈爾〈漂鳥集〉諸詩清新雋永……，只要能捕捉住各首詩的特色，學生們都會有意想不到的收穫。

這樣一週介紹一首小詩，一個學年下來，至可少以帶領學生欣賞四十首以上的詩篇，他們對於新詩的認識，也算是有點基礎了。而且，在日常教學的過程中，也常常可以找到一些機會，為他們補充一、兩首詩，就當作是美麗的點綴。譬如在考卷的空白處，我會剪貼一些合適的詩篇，特別是圖象詩，因為不易用板書表達、所以用這種方式最適合了，學生就是這樣才欣賞到詹冰的〈雨〉和林亨泰的〈風景NO.2〉。另外還有一種更好的方法，那就是配合課文來介紹相關的詩篇，舉例來說：高一國文有一課是李白的〈長干行〉，關於李白的事蹟，其實同學多已耳熟能詳，因此我只依據課本的「作者」欄大略帶過，而將時間花在補充資料上，我替學生補充了余光中著名的李白三部曲──〈戲李白〉、〈尋李白〉、〈念李白〉，並請同學即席朗誦，李白的豪情與瀟灑，就在串串琅琅的詩句中，呼之欲出。同時，我還找出洛夫的〈李白傳奇〉，並針對這首詩提出數個問題，製成課後作業，請學生利用春假完成。如此一來，學生不僅對李白的印象更加深刻，而且也多欣賞了幾首好詩。高一國文還收錄了徐志摩的〈翡冷翠山居閒話〉，徐志摩是新月派健將，我選了他的三首代表作：〈我不知道風在往那個方向吹〉、〈偶然〉、〈再別康橋〉，與他浪漫曲折的愛情故事配合起來講授，真有蕩氣迴腸的效果；有一次，一名學生更站起清唱一曲，贏得滿堂采聲。不只作者部分可以與新詩結合，課文本身可發揮處更多；就以〈長干行〉而言，我便選擇了同為抒寫閨怨的名篇——鄭愁予的〈錯誤〉和向陽的〈閨怨十行——未歸〉，供學生作一比較。講到《世說新語選》中謝道韞詠雪的部分，我趁便介紹了洛夫的〈雪〉和彩羽〈冷的方程式〉。而《莊子・濠梁之辯》也經由洛夫之手，重新詮釋為〈魚的系列——相忘於江湖〉。此外，課文中也曾提到「尾生」的典故，洛夫的〈愛的辯證〉（一題二式）便是絕佳的補充教材……。諸如此類的例子俯拾即是，如何運用，就端看教師的巧思了。

創作篇

當學生對新詩的鑑賞能力稍具火候之時，我便不能滿足於只作個純欣賞的旁觀者了。赫塞說：「寫一首壞詩的樂趣甚於讀一首好詩」，人人都有詩心，人人都可以成為詩人。所以從下學期開始，我便有計畫地逐步訓練學生寫詩。在這個時候，我碰到的第一個難題是：學生寫慣了散文，習於邏輯性的思考和上串下接的文句，對於詩歌跳躍式的聯想，與看似「藕斷」、實則「絲連」的句式，不太能夠適應；所以長久以來的散文寫作訓練，此刻反而成了一個框子，框住了他們的創造力。如何打破這個框框呢？有一個方法很值得一試。白靈的《一首詩的誕生》中，有專章介紹「比喻的遊戲」，首先他提供一個分為A、B、C三欄的表格，這三欄中各有十餘個至數十個不等的名詞，這些名詞任意組合（AA、AB、BC、CA……）成「××的××」的格式，雖然這並不合於我們日常的思考邏輯，但卻往往有意想不到的效果。我先指導學生熟悉遊戲規則，並帶領他們看一些佳例；接下來便是最精采的部分了——讓他們自由發揮聯想力，來創造新的組合，然後我再請學生們上台寫下各自所造的句子。全班都很興奮，紛紛自告奮勇；有些句子一寫出來，全班登時笑聲震天，但也有句子引得師生一起嘖嘖稱賞。在這樣的過程中，不知不覺地，學生似乎也領略了該如何放開韁繩，讓自己的聯想力自由馳騁。之後，我要求學生以這名詞的組合為基礎，再將之發展為完整的詩句，並寫在作文簿上，於下課前繳交。一拿到收齊的作文簿，我便迫不及待地驗收成果，事實證明：學生個個都是小詩人，好些句子非常亮眼，我在評閱的過程中驚喜連連。完成評閱之後，便擇日舉行成果展。我先請學生將我挑出的詩句打成一張，影印給全班一同欣賞，有些句子稍加改易會更好，我也一一地告訴學生。其中的一些佳例如下：

日子的臉困在七情六慾的黑夜裏（彭偉峰）

滿點的星空是失眠者的夢（蔣懷憶）

死亡的漣漪盛開在／繁華的黑夜（吳昀東）

走索者的倒影在風中搖晃著（陳育聖）

醒不來的彩翼們，在透明的棺木中，靜靜地被憑弔著（葉政果）

夢遊在醒不來的蒼穹（洪英傑）

把枯萎的日子釘在棺材裏（鄭志宇）

總統府被萬人橫躺攻陷了（杜威志）

我撐著時間的傘／穿梭在拱門的城裏（賴琦偉）

衝浪的車在燃燒的街道上繪畫著黑暗（李定剛）

士兵的憤怒任意出入敵人的軀體，爆出一片鮮紅（江京諭）

失眠的夜盛開於燈蕊（邱煜偉）

童年是一座房子／裝滿了小孩快樂的笑聲（張智凱）

孤獨的枕頭蜷縮在床的一角（陸彥行）

熱鬧的夢，在黑暗中的燭火尖上燃燒著，牽引著一對對孤獨的眼睛（黃威力）

雨是天空和大地的邂逅（陳義正）

跳繩的童年風乾在記憶裏，猶栩栩如生（蔡尚志）

有些句子加上一個題目，便成為一首精緻小詩，譬如：

夢裏盛開的笑聲／腳下，醒不來的黑夜（陳弘偉）

我替它定名為〈墳場〉。又如：

日子的臉／無情的時間／一點一滴地枯萎（鄭有誠）

所抒寫的不就是「傷逝」嗎？

數週之後，我向學生宣布：我們要寫詩了。但在下筆之前，有兩個規定，請學生一定要注意：首先，初學者最易犯的毛病是繁冗蕪雜、不夠精煉，所以我嚴格要求全詩須在十句之內，寫好之後要一再刪裁，就算最後只剩十餘字也無妨，其次是學生受流行歌詞的負面影響頗深，所以尤其要避免無謂的排比、累贅的重章和灑狗血式的情感宣洩。重點提醒之後，我便寫下題目：〈喜悅〉或〈流水〉，這兩個題目的發揮空間都很大，我請學生在一堂課之內完成，逾時不收。這次的成果更為豐碩，我委實驚異於這些精力充沛的男孩們，在看似粗疏的外表下，竟隱藏著這般細膩的心思。同樣地，我也舉行了成果展，有幾首詩頗耐人尋味：

以〈喜悅〉為題者

我用那長形的照相機
把她的微笑架了起來
扛回去欣賞（施柏仰）

「她的微笑」原作「景物」，改過之後顯得更生動有味。

就是在星期天的午後
伴著電風扇的歌聲
到夢的池塘
撈取蝌蚪（江存孝）

末句原作「拾取貝殼」，但「撈取蝌蚪」更能貼近全詩質樸純真的情味。

心頭開始強烈的振盪，
血液如開水一般的滾燙，
眼中射出自豪的光芒，
嘴中忍不住地想要大聲歌唱。
為什麼會這樣？
為什麼會這樣？（吳華恩）

這首詩的特別之處在於全詩押清亮的「ㄤ」韻，在心中默誦時，真會覺得喜悅之感漸次湧出。原詩末尚有二句「這一切的一切，都是因為心中的喜悅」。太過顯露，而且也拖垮了全詩的節奏，刪去為宜。

枯萎的玫瑰
現今又活了起來
只為早已飛去的鳥兒
如今又回到她的身邊（向榮）

這首詩有著幽雅浪漫的韻味，原本最前面尚有二句「跳動的水珠自深潭裡溢出／流過臉上的淺窪」，足描寫喜極而泣的情景，但是不夠精緻，所以也刪掉了。

一滴晶瑩的淚珠流過他上揚的嘴角，
國旗沿著人們的睫毛緩升，
他們終於可以落地生根了。（江京諭）

第二句相當漂亮。

是上弦月彎彎地掛在臉上
是圓圓的微渦在臉頰旁
更是數不清的麻雀在心房裡跳動（林世祺）

連用三個形式相似的句子，營造出層次感；末句更是神來之筆，相當成功地捕捉了「喜悅」的況味。原本在二、三句之間還夾有「它是真情的流露／也是讓人與人之間距離縮短的工具」，突來兩句說理，顯得不倫不類，最好刪掉。

她給我一顆種子
是會開花的

我把它種在心田裡
像慈母般地用心照顧
幾天來的陰雨
我開始擔憂
她說太陽出來才告訴我
種子到底發不發芽（林雪揚）

作者用單純的句子抒寫心中所思，末二句造成懸宕的效果，頗能道出年少青澀的情懷。不過題目易為〈期待〉似乎更好。

他是個畫家，
住在你的心裡，
當他感覺到
妳的心有不同以往的搖動，
他便在妳的臉上，
畫滿他的自畫像。（鄭志宇）

這是相當特別的一首情詩，末二句十分形象化，極為傳神。我將它易名為〈畫家〉。

以〈流水〉為題者

想家的小水滴，
成群結隊，
迫不及待地，
趕回家鄉。（尤世慶）

有童詩般純真可喜的情味。

灰色的天空下，
沙河中滾石奔騰著。
灰色的心裡，
記憶的海激起一波波漣漪；
沈積已久的畫面再三浮現，
在心中盪漾……

時間的河，
正帶走生命的一點一滴……（王義傑）

作者精心營造出幽微渺遠的情境，相當懾人。令我在掩卷之後，猶低迴再三。

讓痴情的落花，
卸下了艷貌。（林哲宇）

短短二句，饒富哲思。

水滴不停地推擠著，
不知何時
才能從這痛苦的遊戲掙脫……（徐銘鋒）

作者別具心眼地詮釋流水奔騰的情狀，引人深思。原詩在最前面尚有一句「橫亙在地上的瀑布」，也是刪去較佳。

像一條條的蚯蚓，
參差不齊的在空白上，

永不停止地蠕動。（馬樹翊）

這是多麼生動強烈的畫面！原本在全詩之前有「在畫家的眼裏，流水」，刪去之後，顯得精煉多了。

如時間的液化，
在莫名的空間裡遊盪，
等待的
只是失去的四季。（周浩昌）

全詩流漾著淡淡的哲思，十分有味。

多惱河畔的城堡
傳說是時光的家
多少個世紀
水波泛著金光
水聲彈奏著那第七樂章

如今
它是時空的長老
靜靜的——在這（黃振恭）

這首詩起得相當好，既有詩意，又留下很大的空間，全詩首也瀰漫著幽邈的情調。在第三句後，原本有「帶走了多少對愛情的戀人／伴隨著多少思念和牽掛」，但是稍嫌顯露，刪去之後較有餘味。

巨人的鮮血發怒了，
覆蓋了表皮，
喂！來點血小板吧！（李家明）

這首詩相當可愛，有俏皮的想像力。不過題目易為〈洪水〉似乎更適切。

山神手上的永不癒合的傷口（王永信）

這首詩前面原本有一句「蠶絲般的鑽石」，但「傷口」之喻太搶眼了，有必要將它獨立片為一首詩；而且題目最好改為〈泉水〉。

凝望烽火台上的影子，
驚雷一般的，
石頭、葉子都靜止了，
掉入微波中的星星，
帶走了孤獨人的夢。（朱昀東）

作者的心思極為敏銳纖細，擅於營造氣氛；這種幽微的情調，實在太令人著迷了。唯四句之「微波」原作「水波」，與題目重出；且接著一句「流水無情」，破壞氣氛，都宜改寫。

自盤古開天起
就不曾佇足過
管他物換星移
人事皆非
我並非無情
而是在數萬個月圓刻劃下
麻木不仁

我達達的馬蹄未曾停止
只為尋找那虛設的港口（王鴻哲）

此詩的時空拓展得極為遼闊，且能化用前人的詩句，而無牽強的弊病，作者的才情不容小視。

年華似滄滄水流
我是浮沈中的舟
水載著我
流向傳說
妳好似滄滄水流
我是岸邊的花朵
水已流走
花不再榮
流不盡的水悠悠

悠悠的流水似我
悠悠的回憶太沈重
水再也不想流 （黃曦緡）

此詩婉轉流利，作者寫來輕鬆自如，而節奏、情韻皆臻圓熟，恍然有波光盪漾之感，真讓我不敢相信這是一個高中生的處女作品，堪稱為壓卷之作。

很顯然地，學生的作品是帶著澀味的，就如同一枚未熟透的果子；但預測它成熟後的甜度，卻是一件快樂的事。他們像一艘船，舵已架好、帆已撐開，無限的航程正等著他們。

結語

所有的這些活動都是在上課時間內完成的，我非常注意新詩教學不能妨礙了正規教學的進行；而且我也意外地發現；此次大學聯考中有一篇閱讀測驗是馮至的新詩〈蛇〉，佔分四分，這登時又讓我理直氣壯了幾分：看吧！新詩在聯考中也是佔有一席之地的。不過，最讓我開心的是，有學生在週記中寫起了新詩，與我分享他的秘密；也有學生會到書店中翻找詩集；還有一次，一名學生對我說：「老師，妳教的好多詩，我都在公車上看到過，妳都喜歡抄公車詩」。我只是笑，沒有說話。他們已經懂得在日常周遭搜尋詩的蹤跡，這是不是意味著：他們也開始去發現生活中所潛藏著的美感呢？

原載於《國文天地》第149期
民國86年10月，頁34～43

在雨港來一場很有詩情的邂逅

林瑞景

自八十六年元月十五日起至五月底止，教育廳委託台灣省中等教師研習會派員前往基隆、宜蘭、桃園、台東、花蓮及澎湖等六個縣市，作國文、英文、數學等三科之教學輔導，使各縣市各該科的教師，透過此次的輔導研習，在教學上得到實質有效的幫助。

國文科輔導小組的成員，是由中教研習會的國文科副研究員林文樹先生帶隊（並擔任「國文科創造思考教學」專題講座）、新竹市內湖國中林秀珠主任（擔任「鄉土教材與國文科教學的串聯」教學演示），以及筆者等三人所組成。

筆者負責的項目是作文科，教學的內容有三大重點：介紹幾種創意的作文教學法、教參與研習的國文科老師們怎樣教學生習作新詩，以及在新詩教學的過程中，激勵教師們當場來幾場新詩的「即興創作」。

為了增進老師們的信心，培養老師們的興趣，我以最淺顯、逗趣、有詩味的童詩帶引他們，讓他們覺得眼前、周遭的事事物物，只要肯專注，只要有觸發，都可以入詩，而且常會有意外的驚喜。

首先，我指著窗外的天空，問黃昏時的晚霞是什麼顏色？「紅色」。再問為什麼會是紅色？大家七嘴八舌的說了一大堆的原因，其中有位老師說：「晚霞很害羞」。因專注而察覺出晚霞是紅色；因觸發而聯想出晚霞是害羞。於是，〈晚霞〉的詩，便可透過思考、聯想、體會、譬喻、修飾而出爐。例如七十年間，我在作文才藝班指導時，國小二年級的林美虹是這樣寫的：

晚ㄒㄧㄚˊ是一個害ㄒㄧㄡ的小姑娘；
小朋友看著她，
小鳥看著她，
小花小草看著她，
把她的臉都看紅了。

小小年級，識字不多，就能寫出如此含蓄、有詩味的兒童詩，實在難能可貴。我隨手從桌子上拿起「蘋果」，同樣的紅色，同樣的聯想，也可以照樣寫著：

漂亮的蘋果小姐站在路邊攤上；
小朋友走過來看著她，
叔叔阿姨路過看著她，
年輕小伙子豎起拇子讚美她，
羞得蘋果滿臉都紅了。

蘋果的紅色，除了聯想害羞外，也可以聯想為偷擦了媽媽的口紅，或偷喝了爸爸的洋酒……。只要你投入，詩感就隨時來。例如銘傳國中吳佳齡老師的〈蘋果〉是這樣寫的：

髣髴是和人爭辯似的，
臉紅脖子粗；
要不就是鐵青著臉。
唉！怎能算是「平安之果」？

除了紅色的聯想外，吳老師又多了一項名稱上的影射——「平安之果」。我有位國中一年級的學生林佑貞更妙，用象徵手法寫出〈弟弟的紅蘋果〉：

頑皮的弟弟，
從阿里山上玩回來了。
他得意的說：
「呼！山上好冷呀！
冷風大哥還送了我
兩個紅蘋果哩！」

我一直認為：好詩要講究含蓄、象徵、影射，儘量少直說明寓，讓讀者一看就一清二楚的寫法。像佑貞把弟弟被凍裂發紅的臉頰，寫成了兩個紅通通的蘋果，就有好詩的意味。

初學創作新詩的方法，最容易、也最受人喜愛的是擬人法技巧。所以在投影片的詩例裡，我打出不少的詩作，來打開他們的思路，激勵他們對眼前事物的造形、顏色、功用、典故、聲音、動作、特色等，視為是人去揣摩、聯想、體會，或用同理心當成自己來寫它。運用這種技巧所衍生出來的詩作，往往令人感動得愛不釋手。

八斗國中事前替我準備了一籃水果，每種水果我都愼重其事的捧在手心上，展現在他們眼前好一段時光，並提醒他們可以從那些角度切入、觸發，有的還配合詩例引導。

他們可真是詩心大作，一個個詩才洋溢，詩篇像雪片飛舞。因為中教研習會謝水南主任要求小班制教學，所以四十六名分成上下午班，等下午班上完，隨即舉行綜合研討及閉幕式，一大疊的詩作便無法精挑細選，只得在成果發表時，隨興、憑感覺抽出較突出的由我或原作者誦讀給大家欣賞。遇有佳作，便被大家搶去傳閱，在場的縣府教育局長感動得說要帶回去在研習刊物上發表。因此，我手頭回收的也就不甚齊全了。今就手邊的作品，選樣刊登如下：

蕃茄　信義國中·沈曉綺

受了委屈的蕃茄姑娘；
氣得臉色——
一陣青，
一陣紅。
連受傷的心，
都變成酸的。

奇異果　明德國中·蔡孟君

灰澀的外衣只是你的僞裝，
善良與活力才是你真正的內涵。
你總是提供給愛美的人士，
最豐富的寶藏。

鳳梨　銘傳·黃美智

我有一顆易碎的心，
怕心碎！
所以把感情和愛，
用一片一片的盔甲藏起來；
再用一把一把的刀劍武裝起來，
成了一顆鳳梨。

鳳梨　暖暖·劉玉琴

對著頑劣的孩子，
怒髮衝冠。

事後，

還是餵他——

滿嘴的香甜。

時下的國中學生中，有不少的行為荒誕怪異，令老師們簡直窮於應付，而怒髮衝冠，就像鳳梨的外型一樣；可是，耐心的開導過後，仍然要「餵他滿嘴的香甜」，就像鳳梨的捨身奉獻，這是多貼切的「國中教師的自白」。

香蕉　安樂·林央紹

小時候的香蕉，
愛穿綠衣服；
長大後的香蕉；
換穿黃龍袍；
老年時的香蕉，
卻喜歡黑斑馬褂。

香蕉　中山·鄭鳳珍

一道船影兒蕩在海面上
爸爸撒網的背彎彎
我哭了
香蕉的滋味再也不甜
因為它
變成那艘
爸爸的船

猶記得：當時我的詩作引導告一段落時，鄭老師捧著這首像是沈甸甸的詩作，請求我修改或提供意見。我問她為什麼寫得如此沉重？她說：「從小我幾乎每天目送爸爸出海捕魚。心兒就跟著他出海，一直要等到爸爸平安回來才放心。如今爸爸老了，背也彎了，仍然還要和浪兒搏鬥，做兒女的想到這兒，便心如刀割。剛才看到老師手捧一條彎彎的大香蕉，看在眼裡，就是爸爸的船、爸爸的背，心裡那兒有香蕉的香和甜！」這真是真情流露的詩篇。在成果驗收會上，我特別把鄭老師的這段話說了出來，與會的人無不感動，有些感情豐富的老師，眼眶中還滾著淚珠兒呢！

這次全市的研習會，八斗國中籌劃得很用心，有關國文科的各種藝文資料不但展示出來，而且研習過程既感性又很文化，與會的老師們都倍感溫馨。教務主任替我準備的水果，不僅碩大，而且鮮艷，尤其楊桃，任何人看了幾乎都要垂涎三尺。所以我靈機一動，要大家以「楊桃」為共同主題，至少各創作一首，其餘的自由選題。

涉獵過童詩的人都知道：天上的星星像地上的楊桃，所以很多小詩人，常把楊桃和星星拿來一起寫詩。只要有星星、月亮的夜晚，第二天一大早起來，通常只看到月亮，星星卻不見了，因此國小二年級的林慧玫小朋友便懷疑是被月亮吃光的，所以她的〈月亮吃星星〉是這樣寫的：

天上的星星是楊桃做的；
天上的月亮是個貪吃鬼。
晚上星星出來了，
九個小時過去了，
就被月亮吃光了。

我問她為什麼一定要九個小時？八個、十個小時可不可以？她猛搖頭說：「不可以，因為晚上我九點多入睡，第二天六點多起床，那時候天上只有月亮，所以星星是被月亮吃光的」。多天真、多有主見的孩子，小小年紀都可以寫出如此讓人心儀的小詩，我們這些當老師的大人，如果還對自己沒信心，不是很丟人現眼嗎？……當我把這些感性的話激勵他們後，她們個個頓時磨拳擦掌，挺起腰桿的幹起來了。〈楊桃〉的新詩，幾乎每人至少一首，笑容滿面的交到我手上。現在我撿錄幾首較具代表性的作品，供大家欣賞。

天上的星星好高好高，
摘不到。
小寶哭著：
我要！我要！
媽媽卻笑了一笑，
變了個魔術，
星星掉在盤子裡。
小寶笑著：
我要！我要！

（八斗　鄭美麗）

有一天事情大了，

星星寶寶不見了。
太陽爸爸很著急，
急著臉都紅了；
月亮媽媽很傷心，
哭得臉都瘦了。
好心的閃電婆婆忽然發現，
星星不小心掉到地球上，
變成了樹上的楊桃。

（成功　林婉蓉）

金色的星子窺探人間
嚮往美麗的紅塵
化身為樹上
一盞盞的燈籠
來一場多情的邂逅

（明德　蔡孟君）

以上三首都以「楊桃酷似星星」作為全詩聯想的主軸，童趣、詩味方面各有其賣點，尤其蔡老師的那一句「一盞一盞的燈籠，來一場多情的邂逅」，真是道盡了我們這一群國文同好，無意中的相遇相知，還共聚一堂遨遊新詩國度，心中有無限的喜樂。

經常參加研習會的老師，心裡多少會有一個想法：別抱太大的希望赴會，否則會有「乘興而去，敗興而回」的失落感。在這次參加研習會的老師們中，其中有一位很「鐵齒」的中年男老師，最讓我印象深刻；也許他不抱希望的懷疑心太重，因此剛開始上課時，眼睛、鼻子、翹嘴巴都朝上面向窗外，似乎不屑聽我上課。我故意沒看到，不理會。後來，他發現大家都聚精會神、興趣盎然的練寫新詩時，他才開始投入。臨下課前，他也拼出了二首交給我。其中〈楊桃〉是這樣寫的：

一粒楊桃切下，
變成多片星星。
我終於知道：
愛吃楊桃的妳，
為何如此多心！

雖然是短短的五句，但是卻充分表現出含蓄、象徵、影射的新詩特色。尤其是最末二句「愛吃楊桃的妳，為何如此多心！」「楊桃」、「星星」、和「多心」三者微妙的關係，令人越想越有味，而且詩裡行間充滿了多少的哀怨——我的忠心不被妳相信。當我把這首詩公開朗誦、賞析時，還特地在題目〈楊桃〉底下加上「——給愛妻」，作者署名為「忠實的丈夫」，來營造更好的氣氛。並語帶玄機的說：「在坐的各位男士，如果你的愛妻或女朋友同樣愛吃楊桃，也很『多心』？奉勸你趕快寫這首詩，放在她的枕頭下，保證日後一定對你『放心』。在坐的各位女老師，也可以如法炮製。願天下的男女有情有義，恩恩愛愛，百年偕老。阿彌陀佛！善哉！善哉！」頓時爆笑如雷，掌聲不斷。在掌聲中，一天辛苦的研習就這樣愉快、圓滿、頗富詩情的氣氛下落幕了。

八斗國中許清和校長因為訪客、公事，無法全程參與新詩教學，但是在進進出出、耳濡目染之下，也薰染了不少詩香味。他在浪漫的海邊小吃店的惜別宴上，有感而發的說：「我出生在屏東東港鄉下，小時候家境貧寒，放牛、捕魚、做零工等各種活兒都幹過，小學、中學斷斷續續才讀完。說實在的書讀得不多，好在數學頭腦不錯，才考上大學數學系。前些日子讀小學六年級的兒子，興沖沖的拿來一首他寫的童詩，大概是這樣寫的：『木瓜很調皮／一天到晚愛爬樹／爬呀爬的爬得高高的／往下一看／哇的一聲，嚇得臉都變黃了』。當時，我只能說棒，但是棒在那兒，我卻說不上來。經過這一天來的薰陶，往後我有信心跟兒子談詩、寫詩了，這實在是意外的好收穫。今天可以說是八斗國中有史以來最有詩情畫意的一天。」

不僅許校長有感而發的說出心中的詩話，一天下來我也體會得到詩情的感染力真是無遠弗屆，但願今天播種下的新詩種子，能在每一位參與的老師們心中發芽、茁壯。那麼，我便不虛此行了。

原載於《國文天地》第149期
民國86年10月，頁44～49

一場水果詩的饗宴

林瑞景

記得高雄縣八十五學年度全縣國文科教師研習會是在八十六年元月二十日舉行。這次研習會是以「創造思考教學」為主軸，除了聘請老作家蘇雪林教授的大弟子成大唐亦男教授作專題演講外，承辦單位湖內國中透過多年的輔導工作伙伴于益民老師，邀請我擔綱「教學演示」的講座。考慮再三，我認為新詩創作教學，最具「創意」與「思考」性，所以便決定以「大家來試寫新詩」為主題，和參與研習的國文科同仁共同切磋。

過去我受邀作教學演示，或擔任巡迴各國中教學輔導時，通常都是面對學生，教學給參與研習的老師觀摩，雖然常獲得不少的掌聲，但是對於研習的老師來說，似乎有隔靴抓癢，缺乏震撼的感覺。因為他們少了身歷其境，甘苦與共的歷練，尤其是新詩創作教學，更需要備嘗其甘苦。如果教學者沒經歷過創作過程的陣痛，便無法體會出創作的艱辛，和作品出爐時的甜蜜；也會缺少勇氣去嘗試教學新詩創作的膽量。

所以此次赴會，我一改過去作法，大膽的要求承辦學校不要麻煩學生，讓我面對參與的老師們，教他們如何教學生新詩習作，也激發老師們當場來個「即興創作」，並規定每人至少創作二首，作為研習成果。更難得的，高雄縣政府教育局官員還帶來了五份獎狀，以獎勵作品最優的前五名老師。

為了了解學員對新詩寫作及教學的狀況，我特地先當場略作調查。在四十九名學員中，過去從事作文教學過程中，教過學生寫作新詩的只有一位；個人曾嘗試寫過新詩的也只有三位。由以上數字來看，在每冊國文課本第三課新詩課文教學及賞析過後，四十九位國文老師中只有一位曾因課程需要教導學生習作新詩，比例實在少得令人吃驚，新詩教學的不被重視可見一斑。難怪這一群學中國文學的國文老師，從小到大只有三位嘗試過新詩的寫作，此種現象真叫人不可思議。

瞭解了這群老師們的新詩素養後，我暗自告訴自己：先要激勵他們對新詩的自信心，進而引出他們的詩興，再從教學中產生詩感後，詩作自然就水到渠成了。

首先我拿出由學校事先代為準備好的鷄蛋在手上把玩，四十九雙眼睛（其實偌大的活動中心窗戶兩旁還各坐了一排旁聽者），盯著我手上的鷄蛋。我告訴他們：不起眼的鷄蛋也可以寫詩。他們個個露出懷疑的眼光看着我。我想：「疑心」可用。便叫了一位眼睛瞪得最大的女老師，到白板前寫下一個大「蛋」字，並請她把老師們的「回話」照實的分行寫下來。

（台上的動作和問話）	（台下的回話）
蛋圓不圓？	蛋不圓，
但是可不可以滾？	但可以滾。
滾來滾去好不好玩？	好好玩呢！
（蛋忽然從桌上掉下來！）	哇！掉下來了。
蛋怎麼了？	破了！
發現了什麼？	蛋黃流出來了。

問老師們白板上的「蛋」，算不算是詩？他們抿着嘴搖搖頭。那要怎麼改？大家七嘴八舌，始終都覺得不滿意。這時候我利用投影機，打出桃園大溪國小二年級胡安妮在六十七年發表的「蛋」詩，只要把末句的「蛋黃」換成「太陽」，整首詩便活了起來。大家恍然大悟，哄堂大笑。於是，我告訴大家，一首詩之所以好，是要含蓄，不要明寫；多一些象徵，少一些直陳；可以影射的，就不要點出。轉化、譬喻、誇飾、排比等修辭皆可善加利用。

這時候，後面傳來了我課前發給他們習作用的白紙條，是杉林國中郭淑玲老師的即興創作「蛋」：

管它日曬雨淋，
管它歲歲年年；
不用資生堂，
不用佳麗寶，
白晰剔透的肌膚，
吹彈即破。
妳是讓人永遠捧在手心上的寶。

一陣掌聲過後，大家的詩興開始沸騰。我隨手拿出一粒大蘋果，托在掌心，要大家全心貫注它的形狀、色味、功用、故事等，去加以思考、感覺、體會、聯想。譬如為什麼蘋果是紅的？是害羞或偷擦了媽媽的口紅，還是喝醉了酒？幾分鐘過後，一張張的白紙條又爬上了講桌，其中茄萣國中曾秋芬老師的「蘋果」，最具代表性：

千年的傳說，
有你不變的容顏。

牛頓的萬有引力，
因你的敲擊而——
頓悟。
什麼時代？
白雪公主的童話故事，
搖身一變，
廣告的最佳女主角，
愛漂亮的巫婆搶著要！

接著我抱起了造型特殊的大鳳梨，于老師還很有心的替它繫上漂亮的領結，愈發使人覺得更搶眼。我提醒着大家它頭上戴的像什麼？身上穿的又像什麼？整個造型像從事那種職業的人？一連串的問號，使整個會場頓時活絡起來。這時，投影機的布幕上，出現了國小二年級吳祥福的「ㄈㄥˋ ㄌㄧˊ」。（這是民國七十四年我在才藝班指導的作品）

二十歲的ㄈㄥˋ ㄌㄧˊ ㄓㄢˋ士，
身上穿著魚ㄌㄧㄣˊ衣，
頭上戴著ㄘㄨㄟˋ帽。

上ㄓㄢˋ場，
去打ㄓㄤˋ，
打ㄕㄨ了，
ㄍㄨㄞˋ不得衣服被ㄊㄨㄛ光光。

當大家唸到「衣服被脫光光」時，便異口同聲、很有默契的笑了出來。相信大家的心中當時都有一個體認：小小年紀，在認字不多之下，還能用注音符號寫出一首很有童趣味的詩來，為人師的如再不爭氣的拼出幾首好詩，那可真是汗顏了。於是，「鳳梨」的詩篇如浪潮湧上岸來。

新潮的龐克頭，
配戴一朵大紅花，
急著與衆不同。
你說：不合時宜。
我說：年輕只有一次嘛！

——岡山國中　黃秋琴

梳了個時髦的髮型，
綁了個大紅的領結，
高坐在電視機上。
在客廳最醒目的地方，
管他黑珍珠、水蜜桃、富士蘋果
都比不上他來得——
「旺」！

——仁武國中　涂光蓉

以上兩首新詩，明眼人一看便知道是不折不扣的現場即興創作，其詩境雖然未臻深邃，但是力求含蓄、講求象徵的心，詩句行間可說表露無遺。這種認真、求好、執着的學習精神，很令我感動。我暗地裡告訴自己：這是好的開始，再加把勁，收穫相信會更多。

轉過頭忽然發現舞台上佈置了許多漂亮的盆景，其中有一盆很突兀、莖枝繁茂的仙人掌，我跨步拿了過來，要大家用眼看它、用心想它、用腦思索它，更用同情心當成是人寫他。同時找出張春德小朋友的「仙人掌」投影片，邊發問，邊打出詩句：

住在沙漠裡，

沙漠水不多。
只好伸出很多手，
向四面八方說：
「給我水喝！」

仙人掌的莖枝，很像很多手掌向上伸展，有很特別、很新奇的感覺。因為沙漠水少，所以才有向四面八方要水喝的強烈意念，如果寫成詩篇，必有一份意想不到的「震撼力」。經我這一強調，大洲國中邱慧麗老師和中芸國中邱秋紅老師各有不俗的詩作。

仙人掌——千年石窟舞者　邱慧麗

我揮動著千百隻手，
過往的旅客總視而不見；
望着人們那豐滿的水囊，
但願我是——
千手觀音。

沙漠中的仙人掌　邱秋紅

我頑強的沉默着；
以前衛的外表特立獨行，
以芒刺自我防衛。
卻從沒人看出，
我千年來的飢渴。

園藝裡的仙人掌
縱使被小心呵護着，
縱使被打扮得如此精巧可愛，
但就算給我再多的柔情似水，
我懷念的　仍然是那片——
亙古以來的廣大沙漠，
和那輪孤寂的明月。

邱秋紅

水果之王——榴槤，是令人又愛又恨的水果。愛的是它迷人的口感，恨的是它的氣味其臭無比。加上它的名字，和少了木字頭的「留連」諧音，因此也真夠令人遐思。所以有不少的老師，在這水果上也「留連」不已。

榴槤　　嘉興國中　黃雅玲

有人愛你特殊的氣味，
有人愛你迷人的口感。
一口接一口，
一句接一句，
留連！留連！

榴槤　　中芸國中　邱秋紅

總來不及隱藏，
我如火的熱情。
不等你來撥弄，
我早已春心蕩漾，
蠢蠢欲動。

榴槤　　湖內國中　于益民

為何你如此多刺？
為何你如此難聞？
問你——
你卻張嘴不說話。
但是，
風悄悄的告訴我，
你正在尋找知音。

多麼熟悉的詩的呈現形式！噢！想起來了，這不就是拙作「名家小詩孕育少年詩」（詳「國文天地」一三三期）中，我在文末引用大家頗為喜歡的「椰子樹」的表現形式？于老師把它套用在榴槤上，還真能把榴槤的特色，一項項淋漓盡致的表現在詩句上，有夠奇，有夠絕。

在這幾乎是水果詩的大饗宴中，最被老師們青睞的要算是釋迦，因為釋迦的外形、內在，以及它的名字，在在都是詩手炒作的好題材，所以我靈機一動，規定釋迦是每一個人必寫的共同題材。因此，釋迦的詩收穫最豐，佳作也最多，隨意撿錄幾首較具代表性的詩作，以饗讀友。

我如此用心，
為你造了堅固的家；
你卻還我，
出世的心。
遊走人間，
成了人人的家。（茄定　雷秋芬）

每一個
凹凹凸凸的小丘，
是起起落落的人生；
軟硬澀甜，
是成長的滋味。
青衫之內，
芸芸衆生，

哪個是如來？　（溪埔　朱淑玫）

極樂世界的佛陀，
化身果實。
為點醒渾沌衆生——
吃得「甜」，
吐得「苦」。
了悟！　了悟！（彌陀　曾美真）

我嫌吃釋迦最麻煩，
不能大口大口咬。
母親笑著說：
一小粒　一小粒……
都是她的小寶貝。（岡山　黃秋琴）

雖然我們所住的只是破舊老屋，

但是有誰可以像我們這一家人？
緊緊實實，
甜甜蜜蜜，
彼此相互依偎。（大社　林儀婷）

青澀、硬朗的他，
像極了不服輸的小子。
只要你用愛心和耐心感化他，
日子久了，
他就軟化了。（五甲　黃敬惠）

「出『世』的心，遊走人間，成了人人的『家』」、「青衫之內，芸芸眾生，哪個是『如來』」、「為點醒渾沌眾生，吃得甜，吐得苦，『了悟！了悟！』」。「世家」、「如來」、「了悟」……這些禪心佛理寫在詩裡，讀在心裡，多麼令人感動、清修！一個當老師的，每天腦中想的、心裡掛念的，幾乎都在學生身上。尤其是那些叛逆性強、搗蛋調皮的青澀小子，像極了剛摘下來的釋迦，當老師的只得用愛心和耐心慢慢感化他們，日子久了，釋迦就軟化了，可以享用了；叛逆的小子也就乖巧、懂事了。你說，詩是不是很有教化的作用？

水果詩的饗宴，其實不祇這些。例如：

「橘子」
苦澀的外衣
將我甜美的心包住
有誰願意開啟一扇窗
讓成群的千紙鶴
飛去慰藉你那飢渴的心田。
（忠孝蔡慧芬）

「楊桃」
天空不小心掉落了綠色的星星
纍纍垂掛在枝頭
隨風擺盪。

（彌陀曾美貞）

「香蕉」
那是小飛俠的船
正等待你入夢鄉
好載你去找虎克船長。

（彌陀曾美貞）

其他還有西瓜、木瓜、蕃茄、奇異果等等，實在太多了，擔心您吃多了膩了，所以就此打住。

一個多月後，湖內國中寄來了此次研習進修活動意見調查統計表。問卷內容中，「研習內容對教學是否有幫助？」及「覺得本次研習收穫如何？」二項數字調查，都得到滿分的肯定。至於「對本次研習的心得有那些」的文字敘述，更是佳評連連。其中有幾位老師是這樣寫的：

△有些事情嘗試了就不難，今天的試寫新詩，就是個好的開始。

△以前在學校雖然有上過新詩課程，但從不了解新詩寫作也可以如此活潑生動，這

麼生活化、這麼有趣味。

△終於有信心寫新詩了，也了解自己或許無法創作優良的詩。但做播種的工作是我可以去做，凡事肯做就有收穫。

△讓我對於新詩的創作與賞析，有了更深層的認識。也對教學有莫大的幫助，令我受益良多。可惜時間太短，如能增為三至七日則更為完善。

國家圖書館出版品預行編目資料

名家論國中國文續編／陳滿銘等著. --初版.
--臺北市：萬卷樓，民87
冊；　公分
ISBN 957-739-189-3(上冊：平裝).
--ISBN 957-739-190-7(下冊：平裝)

1.國文-研究與教學 2.中等教育-教學法

524.31　　87012096

名家論國中國文續編(下)

著　　者：陳滿銘　等著
發 行 人：許錟輝
編　編　輯：傅武光
責任編輯：黃淑媛
出 版 者：萬卷樓圖書有限公司
台北市和平東路一段67號14樓之1
電話(02)23216565・23952992
FAX(02)23944113
劃撥帳號 15624015
出版登記證：新聞局局版臺業字第5655號
網站網址：http://www.books.com.tw/
E-mail：wanjuan@tpts5.seed.net.tw
承印廠商：晟齊實業有限公司
電腦排版：文盛電腦排版有限公司
定　　價：260元
出版日期：民國87年9月初版

ISBN 957-739-190-7